毛泽东经典著作研读系列丛书

总主编 / 康沛竹　艾四林

《实践论》《矛盾论》
研　读

刘敬东　张玲玲 ◎ 著

中国出版集团有限公司
研究出版社

图书在版编目(CIP)数据

《实践论》《矛盾论》研读/刘敬东,张玲玲著.
——北京:研究出版社,2024.12(2025.10重印)
ISBN 978-7-5199-1606-0

Ⅰ.①实… Ⅱ.①刘…②张… Ⅲ.①《实践论》-毛泽东著作研究②《矛盾论》-毛泽东著作研究 Ⅳ.①A841.24

中国国家版本馆CIP数据核字(2023)第233451号

出 品 人:陈建军
出版统筹:丁 波
责任编辑:于孟溪

《实践论》《矛盾论》研读

SHIJIAN LUN MAODUN LUN YANDU

刘敬东 张玲玲 著

研究出版社 出版发行

(100071 北京市丰台区右外西路2号中国国际出版交流中心3号楼8层)
北京隆昌伟业印刷有限公司印刷 新华书店经销
2024年12月第1版 2025年10月第2次印刷
开本:787毫米×1092毫米 1/32 印张:10.25
字数:172千字
ISBN 978-7-5199-1606-0 定价:68.00元
电话(010)59901918(发行部) 59901958(总编室)

版权所有·侵权必究
凡购买本社图书,如有印制质量问题,我社负责调换。

总主编简介

康沛竹 北京大学马克思主义学院教授、博士生导师。1981—1988年，在北京大学历史系学习，获历史学学士、硕士学位；1993—1996年，在中国人民大学清史所学习，获历史学博士学位。中央马克思主义理论研究和建设工程之《马克思主义发展史》首席专家。2008年国家级精品课"中国近现代史纲要"课程负责人。出版专著《灾荒与晚清政治》《中国共产党执政以来防灾救灾的思想与实践》《〈新民主主义论〉导读》《〈关于正确处理人民内部矛盾的问题〉导读》等，主编《马克思主义妇女理论发展史》《马克思主义学习型政党建设问题研究》《中国近现代史前沿问题研究》等。在《近代史研究》《中共党史研究》《当代中国史研究》《马克思主义研究》《马克思主义与现实》《光明日报》等发表论文70多篇。

艾四林 哲学博士、教授、博士生导师，清华大学习近平新时代中国特色社会主义思想研究院院长，教育部长江学者特聘教授。中央马克思主义理论研究和建设工程首席专家，国务院学位委员会学科评议组成员，《高校马克思主义理论研究》主编。

作者简介

刘敬东 清华大学马克思主义学院教授、哲学博士、博士生导师。研究方向为马克思资本-社会历史理论、马克思主义发展史、国外马克思主义等。独立主持并完成国家和省部级科研课题多项。著有《理性、自由与实践批判：两个世界的内在张力与历史理念的动力结构》《马克思世界历史理论：中国个案》《马克思资本批判的历史意识与阶级意识：资本、世界历史与共产主义的历史图式》（即出），在《哲学研究》《马克思主义研究》《马克思主义与现实》《中国人民大学学报》《光明日报》等报刊发表论文60余篇。多部著作和论文获教育部、北京市和广东省等省部级一等奖二等奖等荣誉奖励。

张玲玲 中国农业大学马克思主义学院副教授、法学博士、博士生导师。研究方向：马克思主义中国化。主持国家社科基金项目1项、教育部人文社科专项1项、北京市社科基金项目1项。近五年来在《光明日报》《思想政治教育导刊》《思想教育研究》等报纸和期刊上发表多篇论文。

序

由北京大学马克思主义学院康沛竹教授和清华大学习近平新时代中国特色社会主义思想研究院院长艾四林教授主编的"毛泽东经典著作研读系列丛书"陆续出版与读者见面了,两位主编是我多年的同事和朋友,让我作序,只能"恭敬不如从命"。借此机会,一方面对新著出版表示热诚的祝贺,一方面谈些想法与大家交流,权作序。

2018年5月4日,习近平总书记在纪念马克思诞辰200周年大会上的讲话中指出,"马克思主义不仅深刻改变了世界,也深刻改变了中国"。马克思主义怎么深刻改变了中国?我认为其内涵就在于:马克思主义的中国化、中国化的马克思主义深刻改变了中国。马克思的著作、理论、思想、学说,如何成为中国共产党人的指导思想和意识形态?这里面就有一个重要的转化环节,这个环节就是马克思主义的中国化,就是要把马克思主义从德国的形态变为中国的形态,从欧洲的形态变为亚洲的形态，从西方的形态变为东方的形态，这就是我们讲的马克思主义的中国化时代化。

1938年10月，毛泽东在党的六届六中全会上作的报告《论新阶段》中首次明确地提出"马克思主义中国化"的概念。毛泽东是马克思主义中国化的伟大开拓者，毛泽东思想是马克思主义中国化的表现形态，实现了马克思主义中国化的第一次飞跃。2021年中国共产党建党一百周年，"中国共产党为什么能？"其中的一个关键点就是始终重视思想建党、理论强党，强调重视总结历史经验，从学习中走向未来。而毛泽东研究、毛泽东思想研究、毛泽东思想的当代价值与意义研究，就是其中不可或缺的重要内容。

毛泽东思想博大精深，内容特别丰富，涉及面非常广泛，因此学界的研究也是多层次、多维度、多视角的。比如从发展历程看，有毛泽东早期思想、新民主主义革命理论、社会主义建设道路的探索等；从思想分支看，有毛泽东哲学思想、经济思想、管理思想、军事思想、文艺思想、外交思想等。那么如何把握这个体系和精髓呢？关键是要读原著，要精读细读、慢慢咀嚼、深刻领会、反复思考。要从读原著开始，从读原著入手，从读原著做起。把读经典、悟原理作为一种生活习惯，当作一种精神追求，用经典涵养正气、淬炼思想、升华境界、指导实践。

康沛竹、艾四林主编的"毛泽东经典著作研读系列丛书"着眼原著，聚焦原著，精心策划，精心组织。这套丛书精选了10多部毛泽东的经典著作，从写作背景、版本考据、主要内容、影响和意义等方面条分缕析，深入研读，视野开阔，内容翔实，是毛泽东经典著作研究的重要成果，对于毛泽东思想研究，特别是广大干部群众通过学习原著把握和领会毛泽东思想，具有积极的推动作用。毛泽东的原著和文本集中体现了毛泽东思想，具有广泛的社会影响力，已经成为民族记忆、文化范式、精神标识。其中许多重要著作的重要论述深入人心，人们喜闻乐见、耳熟能详。比如

《反对本本主义》关于马克思主义的"本本"要和中国实际相结合的论述,《实践论》《矛盾论》对马克思主义哲学的贡献,《新民主主义论》关于新民主主义革命理论的阐发,《改造我们的学习》关于"实事求是"的阐释,《论十大关系》关于"以苏为鉴"的思考,《关于正确处理人民内部矛盾的问题》关于两类矛盾的论述,等等。如何温故知新?如何常学常新?是新时代研读毛泽东经典著作需要认真思考的问题。

研读毛泽东经典著作,温故知新,常学常新,既要有历史眼光,又要有当代视野。其中毛泽东关于中国社会主义道路的探索与中国特色社会主义的内在关联与贯通即是一个尤为重要的问题,学术界特别关注。"毛泽东经典著作研读系列丛书"中社会主义建设时期的著作共有两篇,我们先来看《论十大关系》。从1956年2月14日起,毛泽东历时43天,先后听取了34个部委的工作汇报。4月25日和5月2日,毛泽东分别在中共中央政治局扩大会议和最高国务会议上讲话,并整理形成了著名的《论十大关系》这篇著作。《论十大关系》的主题是"以苏为鉴",探索适合中国情况的社会主义发展道路。《论十大关系》开宗明义地指出,"特别值得注意的是,最近苏联方面暴露了他们在建设社会主义过程中的一些缺点和错误,他们走过的弯路,你还想走?过去我们就是鉴于他们的经验教训,少走了一些弯路,现在当然更要引以为戒"。毛泽东1956年提出"十大关系",开始提出自己的建设路线,有我们自己的一套内容,开始找到一条适合中国的建设路线。1978年召开的党的十一届三中全会,拨乱反正,改革开放,中国进入了社会主义现代化建设的新时期。1982年9月1日,邓小平在党的十二大开幕词中提出,"走自己的路,建设有中国特色的社会主义,这就是我们总结长期历史经验得出的基本结论",从而高举起中国特色社会主义的伟大旗帜,坚定不移地走中国特色社会主义发展道路。经过长期的不懈奋斗和接力探索,中国特色社会主义进入新时代。我们再来看《关于正确处理人民内部矛盾的问题》，这是1957年2月毛泽东在最高国务会议上（作）的报告。他强调必须区分敌我矛盾和人民内部矛盾这两类不同性质的矛盾，还提出了正确处理人民内部矛盾的一系列具体方法，比如"统筹兼顾，适当安排""百花齐放，百家争鸣""互相监督，长期共存"等等。这些论述实际上对已经开始尝试探索社会主义条件下的国家治理问题，具有重要意义。2019年10月召开的党的十九届四中全会是新中国成立以来、改革开放以来第一次专门集中研究坚持与完善中国特色社会主义制度、推进国家治理体系和治理能力现代化重大问题的党的中央全会，会议审议通过了《中共中央关于坚持和完善中国特色社会主义制度 推进国家治理体系和治理能力现代化若干重大问题的决定》(以下简称《决定》)。《决定》从战略上回答了"坚持和巩固什么、完善和发展什么"的重大时代课题，体现了清醒的制度自觉、坚定的制度自信、强烈的制度创新，开辟了"中国之治"的新境界。

序

研读毛泽东经典著作，温故知新，常学常新，必须紧扣马克思主义中国化时代化这条主线。马克思主义中国化时代化是中国共产党人的伟大创造，马克思主义中国化时代化这个命题的提出本身就体现了中国共产党人的理论自觉和文化自信。马克思主义从传入、传播到中国化是个过程，这个过程产生了中国化马克思主义这个结果。"毛泽东经典著作研读系列丛书"收入10多部关于毛泽东经典著作的研读之作，时间涵盖了从第一次国内革命战争时期到社会主义建设时期，但是仔细看一下，还是延安时期居多。为什么？就是因为延安时期形成了毛泽东思想，实现了马克思主义的中国化。从延安时期马克思主义中国化来看，既有哲学理论层面的，即《实践论》《矛盾论》的理论阐发；也有思想路线层面的，即提出实事求是的思想路线；还有实际工作层面的，即阐述军事辩证法、统一战线的辩证法、领导方法和工作方法的辩证法；等等。马克思主义不仅和中国哲学、中国文化结合，马克思主义基本原理同中国具体实践相结合，同中华优秀传统文化相结合，而且具体运用于实际工作的各个方面，渗透于军事、统战、党建等各个领域，表明马克思主义已经与中国哲学、中国文化、中国实践结合并开始融为一体，马克思主义具有了中国特性、中国作风、中国气派。马克思主义中国化后，它既是马克思主义的，也是中国的。概而言之，1937年毛泽东《实践论》《矛盾论》对马克思主义哲学的贡献，1938年10月毛泽东在党的六届六中全会上关于"马克思主义中国化"的论述，1940年毛泽东《新民主主义论》关于新民主主义革命理论的阐发，1945年党的七大将毛泽东思想确立为党的指导思想，等等，标志着延安时期实现了马克思主义中国化。马克思主义从传入时的翻译介绍，到传播时的研究阐释，再到中国化时的全面实践，马克思主义中国化这个过程产生了中国化马克思主义这个结果，形成了毛泽东思想这个马克思主义中国化的表现形态。

序

研读毛泽东经典著作,温故知新,常学常新,必须牢牢把握毛泽东思想活的灵魂。毛泽东思想活的灵魂是贯穿其中的立场、观点、方法,有三个基本方面,即实事求是、群众路线、独立自主。实事求是是毛泽东思想的根本点、出发点,是党的思想路线的核心,是最重要的思想方法、认识方法、工作方法、领导方法。毛泽东在《改造我们的学习》中指出,"'实事'就是客观存在着的一切事物,'是'就是客观事物的内部联系,即规律性,'求'就是我们去研究"。实事求是的基本内涵就是从客观事物中认识和把握客观规律,尊重规律,一切从实际出发,理论与实际相结合。实事求是是中国共产党人的基本要求和看家本领,必须时时处处牢记于心,付之于行。今天讲实事求是,就要深刻把握世情国情党情的变化,深刻认识世界百年未有之大变局,以中国式现代化全面推进中华民族伟大复兴。群众路线是我们党的生命线和根本工作路线,体现了马克思主义关于人民群众是历史创造者的基本原理和党全心全意为人民服务的根本宗旨。今天讲群众路线，就要秉持人民至上的价值立场，坚持以人民为中心的发展思想。坚持人民主体地位，坚持和完善人民当家作主的制度体系，建设人民满意的服务型政府。顺应民心，尊重民意，关注民情，致力民生。有效对接民众生活，体察群众生活感受，加强普惠性、基础性、兜底性民生建设。满足人民日益增长的美好生活需要，把制度优势和治理效能更多更好地转化为人民的幸福感、获得感、安全感。独立自主是我们党从中国实际出发，依靠党和人民力量进行革命、建设、改革的必然结论。不论过去、现在和将来，我们都要把国家和民族发展放在自己力量的基点上，坚持民族自尊心和自信心，坚定不移走自己的路。今天讲独立自主，就要一以贯之坚持和发展中国特色社会主义，坚决维护国家主权、安全。坚持自主创新，把关键技术、核心技术牢牢掌握在自己手中，赢得国际竞争的战略主动和比较优势。

研读毛泽东经典著作,温故知新,常学常新,必须着力于发展当代中国马克思主义。毛泽东思想实现了马克思主义中国化的第一次历史性飞跃,中国特色社会主义理论体系实现了马克思主义中国化新的飞跃,习近平新时代中国特色社会主义思想是当代中国马克思主义、21世纪马克思主义,是中华文化和中国精神的时代精华,开辟了马克思主义中国化时代化新境界,实现了马克思主义中国化时代化新的飞跃。新时代推进马克思主义中国化的重大课题和主要任务,就是发展当代中国马克思主义,学思践悟习近平新时代中国特色社会主义思想。如何发展当代中国马克思主义,习近平总书记有系统论述和深刻阐释:一是强调坚持用马克思主义观察时代、把握时代、引领时代。二是明确提出了当代中国马克思主义、21世纪马克思主义的重大概念,特别重视和强调原创性贡献、标识性概念、引导性范畴,强化马克思主义研究的自主性、独创性、原创性、标识性。三是突出马克思主义的整体性，贯通哲学、政治经济学、科学社会主义，把马克思主义哲学作为看家本领，构建中国特色社会主义政治经济学，推动新时代中国特色社会主义不断发展。四是坚持政治性和学理性相统一，打通政治性话语与学术性话语的话语壁垒。坚持马克思主义在意识形态领域的指导地位，构建中国特色哲学社会科学的学科体系、学术体系、话语体系。五是加强中国道路的学术阐释、学术表达，用中国理论解读中国道路。增强理论自觉，坚定理论自信，讲好中国故事，加强中国话语的国际传播。

习近平总书记指出，"我们党依靠学习创造了历史，更要依靠学习走向未来"。面对波诡云谲、纷繁复杂的国际形势，面对世所罕见、时所罕见的风险挑战，如何统筹两个大局，保持战略定力，把自己的事情做好，就要在常学常新中加强理论修养，在知行合一中主动担当作为。"毛泽东经典著作研读系列丛书"的出版，有助于我们对毛泽东经典著作的研读，将会给我们带来新的感悟和思考，让我们从历史中得到启迪，从经典中汲取智慧，从学习中走向未来。

郭建宁

清华大学马克思主义学院特聘教授

习近平新时代中国特色社会主义思想研究院研究员

北京大学马克思主义学院原院长

2023年5月

序

　　1937年，毛泽东的《实践论》和《矛盾论》在延安发表。"两论"作为马克思主义哲学著作，是中国共产党领导的中国革命道路的理论总结，堪称马克思主义中国化和中国化马克思主义的重要里程碑。100多年前，1917年，俄国发生十月革命，开创了世界社会主义革命的新时代。在俄国革命影响下，中国共产党人历经千辛万苦，选择并领导中国人民走上了以马克思主义理论为指导的社会主义革命和建设的道路。没有1937年之前20年的历史，就不会有《实践论》和《矛盾论》。

　　一个世纪以来，世界和中国翻天覆地的变化和发展，雄辩地证明了中国共产党和中国人民选择并坚持的道路、理论、制度的正确性，证明了作为这种道路、理论、制度选择的基础即前提的中华文化的生命力。拥有超过5000年历史的中华文化本性的通变和包容，使我们能够立足中国、面向世界，作出符合时代要求的道路、理论和制度的选择。已有的历史成就，给了我们坚持中国特色社会主义的道路、理论、制度和文化的充分自信；未来的发展前景，将进一步增强我们坚持中国特色社会主义的道路、理论、制度和文化的自信。

2021年是中国共产党建党100周年。中国共产党领导中国人民百年奋斗的重大成就和历史经验，最重要的一点就是马克思主义的中国化，其中的核心是马克思主义哲学的中国化。没有革命的理论就没有革命的运动，理论的自觉是实践自觉的思想前提。毛泽东在从井冈山到延安的曲折革命历程中，在同"左"、右倾机会主义路线的斗争中，深知党的思想路线的重要性，特别重视中国化的马克思主义哲学理论的指导。为了让我们的干部和群众能够掌握马克思主义的唯物论和辩证法，毛泽东在延安写作并发表了《实践论》和《矛盾论》。

毛泽东的《实践论》和《矛盾论》是哲学著作。作为中国马克思主义哲学的代表性著作，"两论"包含着丰富的哲学理论和方法论内涵。其中最具有核心意义的内容，是知行统一理论和对立统一法则。刘敬东和张玲玲所著的《〈实践论〉〈矛盾论〉研读》，把毛泽东的哲学智慧概括为坚持理论与实践、普遍性与特殊性的统一，并称之为"马克思主义中国化的哲学秘密"，这是十分精到的见解。

认识与实践的关系，也就是理论与实践的关系，这是人类社会发展、中国社会发展的基本问题。因为人是有意识的社会性的存在，人在社会实践中形成认识，在认识引导下从事社会实践。人的认识可以解释世界，但人认识世界为的是改变世界。而要改变世界，首先就要改变自己，通过自我改变来改变环境。马克思说："环境的改变和人的活动或自我改变的一致，只能被看作是并合理地理解为革命的实践。"自我的改变和环境的改变，不只是重复、延续已有的状态，如果能够导致新的更好的状态，就是具有创造性的。人类实践和认识的创造性的焕发，使人类社会的发展突飞猛进。

然而认识总是有对有错的。一种认识是否正确，如何来判断？这就是检验人的认识的真理性的标准与途径问题。毛泽东指出："马克思主义者认为，只有人们的社会实践，才是人们对于外界认识的真理性的标准。"只有在社会实践中，"人们达到了思想中所预想的结果时，人们的认识才被证实了"。在当时的中国革命中，僵化的教条主义者把书本知识或外国模式当作普遍真理，狭隘的经验主义者把个人经验或特定模式当作普遍真理，由于处理不好马克思主义理论与中国革命实践的关系，不懂得在实践中探索和检验认识的真理性，盲目行动，屡屡失误，使革命遭受挫折甚至失败。

以毛泽东为代表的中国马克思主义者，科学地总结了中国革命实践的经验和教训，纠正了教条主义和经验主义的错误，正确处理了革命理论与革命实践的关系，并且从马克思主义哲学认识论的高度，从认识和实践的关系，即中国传统哲学所说的知行关系上对马克思主义深刻加以阐发。从中国革命实践出发，我们不照搬俄国十月革命的模式，不拘守通过武装起义首先夺取中心城市的道路，而采取以农村包围城市最后夺取城市的正确道路。马克思主义普遍真理与中国革命具体实践相结合，从哲学上讲，体现的就是普遍性与特殊性的统一。中国革命中的矛盾各有其特殊性，普遍性存在于特殊性之中，共性存在于个性之中。共性个性、绝对相对的道理，是关于事物矛盾的问题的精髓。中国革命的实践，证明了中国革命道路和中国革命理论的正确性。

毛泽东"两论"发表40年后，1978年，中国进入改革开放和社会主义现代化建设新时期。这一新的历史时期的开启，伴随着一场关于"实践是检验真理的唯一标准"的大讨论，再一次证明认识与实践的关系是中国发展中的基本问题。这时的核心问题是中国现代化的理论与实践的关系，是现代化的普遍性与特殊性的关系。我们不再"以俄为师"，是否就应当"以西为师"？从一定意义上说是，但又不完全是。西方国家的现代化走在世界前列，我们应该认真向西方学习。但学习不应当简单照搬西方经验，复制西方现代化模式，而必须走出一条中国特色社会主义现代化道路，才能够较快地赶上甚至超过西方国家。

中国发展得以成功的基础，在于融入全球性市场经济，成为现代社会市场经济的"弄潮儿"。在市场经济条件下的国家和社会治理中，无论整体的设计还是协调，从根本上说就是要解决好生产力与生产关系、经济基础与上层建筑的矛盾，也就是要处理好人与自然、人与社会、人与人的矛盾。只有在所有这些方面协调发展，才是全面的、可持续的发展。

习近平指出："坚持以马克思主义为指导，必须落到研究我国发展和我们党执政面临的重大理论和实践问题上来，落到提出解决问题的正确思路和有效办法上来。要坚持用联系的发展的眼光看问题，增强战略性、系统性思维，分清本质和现象、主流和支流，既看存在问题又看其发展趋势，既看局部又看全局，提出的观点、作出的结论要客观准确、经得起检验,在全面客观分析的基础上,努力揭示我国社会发展、人类社会发展的大逻辑大趋势。"(《在哲学社会科学工作座谈会上的讲话》,2016.5.17)从这些论述中,我们感受到像毛泽东"两论"那样的哲学思维的高度。贯穿在《实践论》《矛盾论》中的那种实践的、理论的和历史的思维方式,是我们在当今历史条件下依然需要加以学习和贯彻的。学哲学用哲学是我们党的优良传统。中国革命和建设的历史实践一再取得成功,在理论认识上的一条宝贵经验就是学哲学用哲学,特别是学习和运用马克思主义哲学认识论和辩证法。

学哲学用哲学可以有许多种教材。历史证明,毛泽东的《实践论》和《矛盾论》,对于我们的学生、干部和群众来说是最好的哲学教材。而在学校和干部教育中,提高哲学思维能力和改进工作方法,无疑是学校提高人才培养质量和领导干部能力建设的最重要的内容之一。

刘敬东和张玲玲著的《〈实践论〉〈矛盾论〉研读》,为广大学生、干部和群众学哲学用哲学提供了一个适宜的辅导材料。多年来的学习经验表明,"研读"对于有一定哲学理论基础的青年学生和广大干部进入毛泽东哲学思想的殿堂,理解其理论实质,掌握其方法论要领,体会其在实际工作中的运用,特别有帮助。"研读"在语言表达上生动活泼、情理交融、深入浅出,也是其一大特色。新版在发扬已有长处的同时,又有所改进和提高,会更受各类读者的欢迎。中华民族是富有哲学智慧的。在我们的新时期人才能力建设中,哲学思维能力建设将成为越来越明显的亮点。建设一个智慧的中国和世界,当然需要更多具有哲学智慧的人来参与创造。

郭湛

中国人民大学荣誉一级教授

教育部社会科学委员会哲学学部委员、学部秘书处秘书长

2021 年 12 月 12 日

目 录

第一章
引 论

一、《实践论》《矛盾论》的创作背景 / 006

二、《实践论》《矛盾论》：现代中国革命的哲学逻辑 / 021

三、马克思主义中国化的哲学秘密：坚持理论与实践、普遍性与特殊性的统一 / 029

四、《实践论》《矛盾论》与毛泽东思想 / 037

五、《实践论》《矛盾论》与中国特色社会主义的开辟 / 046

六、《实践论》《矛盾论》与习近平新时代中国特色社会主义思想的创立 / 066

七、《实践论》《矛盾论》的世界影响 / 089

第二章
《实践论》解读

一、《实践论》概说 / 107

二、关于实践与认识的关系 / 113

三、关于认识的辩证发展过程和认识的规律 / 123

四、感性认识和理性认识的关系 / 132

五、关于真理及其发展的辩证法 / 137

六、《实践论》：作为实践哲学的方法论意义 / 143

第三章
《矛盾论》解读

一、《矛盾论》概说 / 161

二、两种宇宙观 / 192

三、矛盾的普遍性 / 208

四、矛盾的特殊性 / 219

五、主要矛盾和主要的矛盾方面 / 248

六、矛盾诸方面的同一性和斗争性 / 256

七、对抗在矛盾中的地位 / 280

八、《矛盾论》：作为实践哲学的方法论意义 / 284

第一章
引 论

毛泽东的《实践论》《矛盾论》不仅是马克思列宁主义的能动的认识论和唯物的辩证法,而且是把马克思列宁主义哲学与中国革命的具体实践创造性结合的、指导中国革命从胜利走向胜利、并且深刻影响了全世界一切殖民地半殖民地人民争取民族独立和人民解放的历史唯物论和历史辩证法。《实践论》《矛盾论》是马克思列宁主义哲学中国化了的唯物论、认识论、辩证法和历史观有机统一的活生生的革命的实践哲学。

第一章 引 论

毛泽东的哲学不仅从根本上改变和塑造了现当代中国的革命和历史，深刻地改变和影响了现当代中国人民的历史命运，而且也深刻地塑造了现代世界历史和20世纪的世界社会主义运动，也深刻地影响和推动了20世纪世界被压迫民族和被压迫人民争取国家独立和民族解放的伟大斗争。

毛泽东写于革命圣地延安的《实践论》《矛盾论》两篇光辉著作，创制了现代中国革命的哲学逻辑，塑造了现代中国革命实践经验的理论形态，描绘了中国共产党如何引领人民进行革命的思想蓝图，开辟了马克思主义哲学的中国道路。《实践论》《矛盾论》不仅是中国哲学史上具有里程碑意义的思想杰作和哲学创造，而且也是世界哲学史、特别是世界马克思主义哲学史上一道具有中国式实践哲学特色的独特的理论景观。①

---

① 苏联著名哲学家尤金曾高度评价毛泽东的著作："杰出的中国人民领袖毛泽东同志的选集的出版，不但对于中国共产党，而且对国际共产主义运动，都是一个重大的事件。""中国共产党不是教条式地，而是创造性地领会了马克思列宁主义，成功地把马克思主义理论应用于中国这样的国家，因而

《实践论》《矛盾论》研读

毛泽东哲学不仅属于中国共产党和中国人民,不仅属于中国的新民主主义革命、社会主义革命、建设和改革事业,而且它同样属于世界社会主义运动,属于全世界殖民地半殖民地国家的人民争取自身解放的事业。①

(接上页)大大地丰富了马克思主义的理论。""一切兄弟共产党,一切拥护和平、民主和社会主义的斗士们,在读毛泽东同志的著作时,都会找到四分之一世纪以来英勇的革命战争的许多卓越范例。"[许全兴、陈葆华、冯国瑞编:《国外毛泽东思想研究文选》(党校内部发行)1987年版,第10—20页。]

① 毛泽东及其哲学思想影响了世界政治,影响了世界哲学,尤其影响了世界马克思主义哲学。从政治影响来说,我们可以从毛泽东逝世后国际社会的反应中得到证明。如墨西哥《国民报》发表社论:"墨西哥总统认为,毛不仅是现代史的主角之一,是对改变世界生活发生作用的权力中心之一的象征,而且是最有远见的第三世界捍卫者之一","对于墨西哥和第三世界来说,本世纪最伟大的人物之一毛泽东是穷国人民的伟大朋友和全人类的导师"。[许全兴、陈葆华、冯国瑞编:《国外毛泽东思想研究文选》(党校内部发行)1987年版,第107页。]从哲学思想来说,毛泽东的哲学思想,特别是《矛盾论》在西方学界的影响也是值得注意的:"事实上,毛泽东的《矛盾论》在20世纪50、60年代对法国马克思主义者的影响是很大的,甚至被称作是'结构马克思主义的经典著作之一'。《保卫马克思》(1965)一书当中的两篇文章,即《矛盾与多元决定(研究笔记)》和《关于唯物辩证法(论起源的不平衡)》专门讨论了毛泽东的《矛盾论》中的辩证法问题。阿尔都塞认为毛泽东关于矛盾不平衡性的理论直接影响了他的'多元决定'理论的形成。此书出版后,阿尔都塞即将其寄送中共中央和毛泽东。据说毛泽东在收到书之后曾表示希望阿尔都塞到中国访问。但是……阿尔都塞最终没有成行。"(尚庆飞:《国外毛泽东学研究》,江苏人民出版社2008年版,第141—142页。)

毛泽东之所以成为中国共产党人和中国人民的伟大领袖，成为帝国主义和无产阶级革命时代的世界历史性伟人，当然可以从世界、历史、人生，或从政治、经济、文化等多维角度探讨其原因，但有一个重大、关键而深刻的因素我们永远必须谨记，那就是：毛泽东有自己的哲学，有自己的世界观和方法论，有自己的理论创造和实践智慧，有不仅深刻影响了中国共产党和中国人民，而且也深刻影响了世界一切被压迫民族和被压迫人民的《实践论》《矛盾论》这两篇永远闪耀着智慧光芒的经典哲学篇章。

一、《实践论》《矛盾论》的创作背景

自 1921 年成立到 20 世纪 30 年代中叶前后,中国共产党作为一个政治上、组织上和思想上还不成熟的党,在领导中国革命的实践中经历了一系列重大挫折,有时甚至严重到几乎断送中国共产党和中国革命命运的地步。造成这些重大失误和严重挫折的原因是多方面的,其中一个重要而深刻的原因是,中国共产党党内一直存在着相当严重的主观主义错误。教条主义和经验主义是主观主义的两种主要的表现形态。毛泽东写作《实践论》和《矛盾论》的最深刻的理论动机和实践动机,就是从哲学上即从世界观和方法论上反思、批判和破除中国共产党内严重存在的主观主义错误。及时清算和消除作为主观主义表现形式的教条主义和经验主义,特别是"左"倾教条主义的严重错误及其危害,是毛泽东在硝烟弥漫的战争岁月中,在领导中国革命的日理万机的时代条件下,仍然静下心来思考如何为中国共产党和中国革命制定战略和策略提供哲学的根据和法则、创作和讲演《实践论》和《矛盾论》的时代背景和根本原因所在。

第一章 引　论

1937年是中华民族现代史上的多事之秋。震惊中外的"卢沟桥事变",不仅揭开了中国人民全面抗日的序幕,而且使中国社会错综复杂的内外矛盾更加激化。整个中华民族处于风雨飘摇之中,国家前途和民族命运堪忧。就在这一历史发展的关键时刻,在延安领导着中国革命的毛泽东,时时刻刻都在思考着中国革命的道路和前途。他把马克思列宁主义的革命理论同中国革命的具体实践结合起来,积十数年革命风雨的艰苦磨砺、戎马倥偬的攻读生涯,在中国共产党人的集体智慧和实践经验的基础上,升华和凝练出了他的哲学智慧,向中国共产党人和中国人民展现出一个崭新的哲学理论世界。他用刚道洒脱、深入浅出的文字写就了灿烂辉煌的哲学篇章,这就是两位一体、相得益彰的光辉著作——《实践论》和《矛盾论》。[1]

《实践论》和《矛盾论》是毛泽东同一时期的著作。1937年4月至8月,毛泽东应邀为抗日军政大学学员讲授马克思主义哲学,向学员讲授唯物论和辩证法。为此他精深研读,艰苦创作,撰写了长达6.1万字的《辩证法唯物论（讲授提纲）》。毛泽东每周二、四上课,每

---

[1] 余源培、夏耕:《辩证法故乡的哲学新葩——毛泽东的〈矛盾论〉》,云南人民出版社1992年版,第1页。

次讲4个小时，一共讲了100多小时。总政治部宣传部派人做记录、整理讲义，即《辩证法唯物论（讲授提纲）》，从1938年5月6日开始在《抗战大学》上连载。这个讲授提纲在抗日战争和解放战争时期先后出版过近20个版本。

其中《实践论》《矛盾论》讲授的时间分别是1937年7月和8月。《实践论》《矛盾论》两节的内容约3.3万字。《实践论》是第二章《辩证法唯物论》的第十一节，《矛盾论》是第三章三个法则中的第一个法则即"矛盾统一法则"。由于《实践论》和《矛盾论》两部分的结构内容较为完整，基本上可以独立，因而又以单行本形式油印出版。

《毛泽东选集》第一卷所收录的《实践论》一文的题解，说明了毛泽东写作《实践论》的主要目的和直接原因，就是批判和克服党内存在的脱离中国革命实际、严重危害中国革命前途和命运的主观主义。主观主义表现为经验主义和教条主义，其中教条主义是毛泽东批判的主要对象："在中国共产党内，曾经有一部分教条主义的同志长期拒绝中国革命的经验，否认'马克思主义不是教条而是行动的指南'这个真理，而只生吞活剥马克思主义书籍中的只言片语，去吓唬人们。还有另一部分经验主义的同志长期拘守于自身的片断经验，不

第一章 引　论

了解理论对于革命实践的重要性，看不见革命的全局，虽然也是辛苦地——但却是盲目地在工作。这两类同志的错误思想，特别是教条主义思想，曾经在一九三一年至一九三四年使得中国革命受了极大的损失，而教条主义者却是披着马克思主义的外衣迷惑了广大的同志。毛泽东的《实践论》，是为着用马克思主义的认识论观点去揭露党内的教条主义和经验主义——特别是教条主义这些主观主义的错误而写的。因为重点是揭露看轻实践的教条主义这种主观主义，故题为《实践论》。毛泽东曾以这篇论文的观点在延安的抗日军事政治大学作过讲演。"①《矛盾论》的写作同《实践论》一样，是"为了同一的目的"②，即为了反对党内存在的主观主义特别是严重的教条主义，为中国共产党人正确地领导现代中国革命，提供科学的世界观和方法论的武器。

马克思说得好："任何真正的哲学都是自己时代精神的精华……哲学变成是文明的活的灵魂"。③黑格尔也曾经说过："哲学的任务在于理解存在的东西，因为存在的东西就是理性。……每个人都是他那个时代的产儿。

---

① 《毛泽东选集》第1卷，人民出版社1991年版，第282页。
② 《毛泽东选集》第1卷，人民出版社1991年版，第282页。
③ 《马克思恩格斯全集》第1卷，人民出版社1995年版，第220页。

哲学也是这样，它是被把握在思想中的它的时代。"[1]毛泽东历史地、具体地明确阐明了《实践论》和《矛盾论》是时代的要求和产物："我们在第二次国内革命战争末期和抗战初期写了《实践论》《矛盾论》，这些都是适应于当时的需要而不能不写的。"[2]《实践论》《矛盾论》创作的特定的历史、革命和时代背景，使它们成为中国革命的时代精神的精华。

首先，当时的中国是一个政治经济发展极不平衡的半殖民地半封建的国家，各种矛盾错综复杂，内忧外患空前严重。在一个半殖民地半封建的国家里，如何把马克思列宁主义的普遍原理同中国革命的具体实践相结合，形成中国共产党人领导革命的正确的指导思想，是一个极为艰巨和十分复杂的理论任务。我们党内曾长时间地存在把马克思列宁主义教条化、把共产国际决议和苏联经验神圣化的严重错误倾向。党内的教条主义者只知道"唯书""唯外"和"唯上"，生搬硬套、生吞活剥马克思列宁主义经典著作中的只言片语，无视中国革命的具体实际和特定的实践逻辑，给中国共产党和中国革命造成了极大损失。1935年1月，中共中央在遵义召开

---

[1] [德]黑格尔：《法哲学原理》，范扬、张企泰译，商务印书馆1961年版，第12页。
[2]《毛泽东文集》第8卷，人民出版社1999年版，第109页。

第一章 引　论

政治局扩大会议，批判了以博古为代表的"左"倾机会主义错误，实际上确立了毛泽东在全党和全军的领导地位。但是，遵义会议是中国共产党在红军长征途中面临国民党军队围追堵截的紧急战争形势下召开的，只对当时最迫切的军事问题和组织问题即中央领导机构问题做了重大调整。而关于中国革命的更深层次的世界观和方法论、思想路线和思维方式问题，还来不及系统和全面地加以解决。到达陕北后，毛泽东撰写了《论反对日本帝国主义的策略》《中国革命战争的战略问题》等著作，解决了政治路线和军事路线等一系列重大问题。但是，一定的政治路线、组织路线和军事路线是以一定的思想路线为基础的，仅有对错误的政治路线、组织路线和军事路线的批判和清算，还不可能彻底克服"左"倾教条主义的错误和影响，因此还必须从世界观和方法论，即从思想路线上对党内存在的主观主义的各种各样的错误思想，特别是对"左"倾教条主义进行彻底的批判和清算。写作《实践论》《矛盾论》正是为了承担和解决这一重大任务。中国革命的内在逻辑和发展趋势要求我们党从哲学理论的高度彻底批判和清算党内种种错误认识的思想根源，批判政治上、组织上和军事上错误路线的世界观方法论基础，批判作为主观主义表现形式的教条主义、经验主义的思想方法，用马克思主义认识论、辩证法和历史观的基本观点、立场和方法教育广大的党员干部，统一思想，以提高全党运用马克思列宁主义普遍真理同中国革命实际相结合的能力、水平和方法。

其次，当时的思想界发生了关于中国社会性质问题的论战和唯物辩证法问题的争论。20世纪30年代，中国思想界爆发了一场关于中国社会性质问题的论战。论战从一开始就带有浓厚的哲学色彩。与有关社会性质的大论战相呼应，中国思想界展开了有关辩证法问题的论战。这场论战首先是由张东荪等人批评马克思主义的唯物辩证法开始的。从1931年到1935年，张东荪先后发表《辩证法的各种问题》《动的逻辑是可能的么？》和《唯物辩证法之总检讨》等一系列文章，挑起所谓的"唯物辩证法的论战"。随后，叶青等人打着马克思主义的旗号对张东荪进行所谓的批判，散布了许多具有欺骗性的反马克思主义的哲学观点。艾思奇等人又针锋相对地批判了张东荪、叶青等人对唯物辩证法的批判和歪曲。这场论战的内容涉及多个重要的哲学问题，如马克思主义辩证法与黑格尔辩证法的关系、唯物辩证法的客观性与普遍性、哲学与具体科学的关系、认识和实践的关系、相对真理和绝对真理的关系、运动与静止的关系、内因与外因的关系以及差异、相反与矛盾的关系，等等。在此基础上，艾思奇、李达等形成了一些比较有影响力的论战成果,如《大众哲学》(原名《哲学讲话》)等。这场哲学论战及其积极成果澄清了许多重要的哲学原理,扩大了辩证唯物主义和历史唯物主义在中国思想界的影响,为毛泽东哲学思想的形成和系统化作了必要的理论准备。

第三,苏联哲学界对德波林学派的批判和国内相对稳定的政治环境。一方面,苏联哲学界对德波林学派的批判创造了一个十分有利的国际理论环境,有助于中国共产党厘清教条主义者思想理论的国外根源。20世纪20年代初,苏联思想界形成一股声势浩大的新机械主义思潮,德波林学派在批判新机械主义的过程中一度发挥了非常积极的作用,并以批判新机械论而闻名。但在此过程中,德波林学派也暴露出严重的问题。其主要问题表现为:在理论与实践的关系问题上,德波林学派的理论脱离实践,离开苏联当时的革命和建设实际去搞哲学研究;在理解对立统一规律时,不强调对立面的"斗争",却强调对立面的"融合";在关于是否存在一个列宁主义阶段的问题上,他们过于重视普列汉诺夫的理论,认为普列汉诺夫是理论家,而列宁只是个实践家,否认列宁主义是帝国主义阶段和社会主义变革时期的马克思主义哲学的新发展。1931年1月25日,苏共中央在关于《在马克思主义旗帜下》杂志的决议中,指示要同德波林学派曲解马克思主义的唯心主义作斗争。此后，苏联学界掀起批判德波林学派的热潮。苏联对德波林学派的批判和清算在中国共产党内产生了重要影响。实际上，我国20世纪30年代哲学界论战中叶青的哲学观点，在一定意义上说就是苏联新机械论和德波林哲学的混合物。所以，苏联对德波林学派的批判有助于在中国共产党内澄清张东荪和叶青等人造成的理论混乱，厘清真假马克思主义哲学的界限。另一方面，在国内，"西安事变"后国共两党实现第二次合作，陕北局势相对稳定，国内翻译出版的一些马克思主义理论著作和文章已经能传送到延安。陕甘宁边区掀起干部、战士学文化、学哲学的热潮，也为《实践论》《矛盾论》的写作和讲演创造了有利的思想条件和理论环境。

第四，《实践论》《矛盾论》是三个思想来源创造性融合、转化和发展的哲学成果。

第一个来源，是马克思列宁主义的经典著作。在领导中国革命的艰苦岁月和恶劣的条件下，毛泽东依然千方百计地搜集并反复阅读马克思主义经典作家的哲学著作，包括马克思与恩格斯合著的《共产党宣言》、恩格斯的《反杜林论》、列宁的《唯物论和经验批判主义》《关于辩证法的笔记》，以及普列汉诺夫的《论一元论历史观的发展》等。① 尤其是 1935 年 10 月红军长征到达陕北后，毛泽东深入阅读了一些苏联哲学家的马克思主义哲学著作，为其《实践论》《矛盾论》的写作提供了直接的哲学资源和理论准备。其中尤以西洛可夫、爱森堡等合著的《辩证法唯物论教程》和米丁等著的《辩证唯物论与历史唯物论》等对毛泽东的思考和写作影响较大。1936 年至 1937 年 7 月间，毛泽东认真阅读了这两本书并做了大量摘录和批注。据统计，毛泽东反复研读《辩证法唯物论教程》，并做了共计 12000 余字的批注，甚至对其中部分章节的批注达到四遍之多。对于《辩证唯物论与历史唯物论》也研读多遍，批注达 2600 余字。② 批注中既有对原著的概述、归纳，也有对原著观点的批评、质疑，然而更多的也是最具特点、最有针对性的，则是毛泽东联系中国革命的具体实际、针对中国共产党党内存在的主观主义所作的一系列批判性思考和创造性发挥。③ 毛泽东作为职业革命家、军事家长期戎马倥偬，日理万机，本没有太多的闲暇从事纯哲学理论

---

① 《毛泽东文集》第 8 卷，人民出版社 1999 年版，第 109 页。
② 仲泉：《哲学明珠诞生记——毛泽东写作〈实践论〉和〈矛盾论〉的始末》，《秘书工作》2007 年第 10 期，第 49 页。
③ 余源培、夏耕：《辩证法故乡的哲学新葩——毛泽东的〈矛盾论〉》，云南人民出版社 1992 年版，第 33 页。

的阅读、思考和研究,他的许多论著,多是运用马克思列宁主义的世界观和方法论对关涉中国革命的政治、经济、文化、思想、军事、党建等问题做具体分析,因而一般属于实践哲学的范畴。然而到了延安时期,毛泽东有了较为充足的闲暇时间。他不仅发愤研读马克思主义经典作家的哲学著作,还涉猎了不少西方哲学著作。根据美国记者斯诺的回忆,毛泽东所读的书"不仅限于马克思主义的哲学家,而且也读过一些古希腊哲学家、斯宾诺莎、康德、歌德、黑格尔、卢梭等人的著作"[1]。在广泛而深入的阅读、思考和研究中,毛泽东的哲学视野进一步扩大,对马克思主义哲学的本质和特征的把握更加深刻,在把马克思列宁主义的世界观方法论与中国革命实践的创造性结合上更加运用自如。总之,毛泽东的哲学智慧和哲学思维的水平在这个特定历史时刻的理论与实践的具体的历史的有机统一中,获得了对中国革命具有重大而深远意义的升华和飞跃。

第二个来源,是中国优秀传统文化。毛泽东青少年时代就熟读《易经》《道德经》等传统经典著作。中国深厚的历史文化传统哺育、浸润了毛泽东的一生,更深

---

[1] [美]埃德加·斯诺:《西行漫记》,生活·读书·新知三联书店1979年版,第68页。

刻地影响了他的思想和创作。他熟谙历代先贤的哲学思想，尤其是辩证法思想对他的影响尤大。中国历代先贤的哲学遗产，经过他的批判、改造、提炼、加工后，也创造性地融入《实践论》《矛盾论》的哲学创制和思想内容之中。在《实践论》中，毛泽东汲取中国传统文化中知行观的精华，准确地把握中国革命的脉搏，将传统的知行观融入马克思主义认识论，创造性地提出和构建了辩证唯物主义的知行统一观，丰富和发展了马克思主义认识论。《矛盾论》批判地继承了中国古代哲学中关于矛盾普遍性与特殊性、共性与个性相互关系的思想，提出了关于事物矛盾问题的精髓的著名命题，丰富和发展了马克思主义唯物辩证法。不仅如此，在语言风格、叙述方式等方面，毛泽东也深受中国传统哲学的影响。这也使得我们非常明显地感受到《实践论》《矛盾论》在遣词造句、叙述风格、用典举例等方面处处体现出中国气派、中国特色和中国风格，用简洁的文字、熟悉的案例和明白易懂的形式，深入而浅出、通俗而生动地讲述了辩证唯物主义的深刻道理。

第三个来源，是共产党领导的中国革命丰富的实践经验和深刻的历史教训。这是需要我们在这里特别强调和说明的一个来源。毋庸置疑，中国革命是在俄国革命的影响下发生的，共产国际帮助了中国革命。但是，一系列复杂的现实斗争和残酷的革命实践教育了中国共产党人：要取得革命的胜利，没有马克思列宁主义不行；有了马克思列宁主义，不同中国革命的实践相结合更行不通。中国革命在不断克服教条主义和经验主义的错误和失误中，获取了宝贵的经验和深刻的教训，这是毛泽东写作《实践论》《矛盾论》的最重要的实践来源。毛泽东的《实践论》《矛盾论》之所以不同于一般的哲学著作，之所以能够从理论与实践的结合上推进马克思主义哲学的发展，之所以塑造了现代中国革命的哲学逻辑和理论形态，并由此开辟了马克思主义哲学民族化的中国道路并因此而享有独特地位，这应当是最根本的原因之一。

毛泽东哲学思想是在对中国革命具体道路的摸索过程中，在把马克思列宁主义与中国社会和革命实践相结合的过程中，逐渐地萌芽、形成、成熟和系统化。1927年大革命失败后，党内出现右倾机会主义和"左"倾冒险主义的错误，虽然受到毛泽东等同志的批评，但在1929年下半年至1930年上半年，以李立三路线为代表的"左"倾错误又发展起来。这一路线主张攻打大城市，批评毛泽东提出的农村包围城市、走井冈山道路的正确主张，认为那是农民意识的地方观念。毛泽东坚决反对"立三路线"，并成功粉碎了敌人的四次"围剿"。1930年5月，毛泽东在《反对本本主义》中明确指出，

"没有调查，就没有发言权"以及"中国革命斗争的胜利要靠中国同志了解中国情况"，反对盲目执行共产国际指示和照搬外国经验以及上级领导指示的教条主义的错误做法。这些论断反映的马克思列宁主义与中国革命实际相结合的原则，蕴含着《实践论》《矛盾论》的思想雏形。但是，由于革命形势的复杂和中国共产党在幼年时期理论准备的缺乏和实践经验的不足，革命实践受到王明"左"倾思想的严重影响，坚持"城市中心论"，与敌人打阵地战、堡垒战，直接导致了第五次反"围剿"的惨痛失败，红军被迫长征。

在中国革命和中国共产党人何去何从的严重危急关头，1935年1月在长征途中召开了中国共产党历史上具有伟大的历史性转折意义的遵义会议。遵义会议着重解决了军事路线问题和组织问题，确立了毛泽东在党中央及红军中的实际领导地位，是中国共产党独立自主地解决中国革命问题的一次极其重要的会议。但由于当时极其严峻的战争形势和残酷的军事环境，如何领导中国工农红军摆脱和挫败国民党军队的围追堵截是最迫切的任务，因此错误的政治路线还没有及时地被清理和批判，其不良影响还严重地影响着革命发展。为了解决政治路线问题，1935年12月召开的瓦窑堡会议，批判了党内长期存在着的"左"倾关门主义，制定了抗日民族统一战线的策略方针等。在两天后的党的活动分子会议上，毛泽东作了《论反对日本帝国主义的策略》的报告，指出"左"倾关门主义的思想根源在于那种认为"圣经上载了的才是对的"的教条主义，以及主张"革命力量要纯粹又纯粹，革命道路要笔直又笔直"的形而上学的错误思想。由此可见，我们党的正确的组织路线、军事路线特别是政治路线的先后确立，奠基了《实践论》《矛盾论》创作的历史基础。1936年12月，毛泽东在陕北的中国抗日红军大学作《中国革命战争的战略问题》的讲演，着重总结了土地革命战争时期中国共产党领导武装斗争的实践经验，批判了军事冒险主义与保守主义的错误。其中包含的一系列深刻的哲学思想，成为《实践论》《矛盾论》创作的先行序曲。

1937年，"七七事变"前后的几个星期里，中国共产党的军队陆续开赴前线。而在延安，抗大正准备开办一个青年干部培训班。这批青年学生将经过三个月的短期培训后做政治辅导工作。出于中国革命实践对哲学理论的需要，毛泽东在日理万机中腾出时间，比较集中地对中国革命的历史经验进行了深入的哲学思考和理论概括，用几个星期时间写成了简明扼要、意蕴深刻的一系列哲学讲义，《实践论》《矛盾论》就是在这样的时代状况和历史情景中完成的。

二、《实践论》《矛盾论》：现代中国革命的哲学逻辑

《实践论》《矛盾论》创制了现代中国革命的哲学逻辑，是中国共产党领导人民进行革命的哲学灵魂。毛泽东的《实践论》《矛盾论》在深刻总结中国革命经验、深入批判各种各样的经验主义和教条主义错误思想的基础上，把马克思列宁主义的基本原理和中国革命的具体实践结合起来，既继承了马克思列宁主义的科学精神，又创造性地丰富和发展了马克思列宁主义的辩证唯物主义的世界观和方法论。

《实践论》《矛盾论》是现代中国革命的哲学逻辑和理论形态。那么，究竟什么是现代中国革命的哲学逻辑？究竟什么是现代中国革命实践经验的理论形态？对这一哲学逻辑和理论形态的深入挖掘、科学提炼和准确表达，究竟有什么重大的理论意义和实践意义？这应当是我们研究《实践论》《矛盾论》之重大贡献和深远意义的基本出发点和落脚点。我们知道，马克思主义中国化是中国共产党人能否成功地进行革命的要害或关键所在，而马克思主义中国化的核心问题，就在于马克思

《实践论》《矛盾论》研读

列宁主义的普遍原理究竟如何与中国革命的具体实践相结合。而恰恰是对这一核心、关键和要害问题的如何回答，构成了对正在成长中的年轻的中国共产党人的最大挑战。《实践论》《矛盾论》是对这一核心问题和最大挑战的理论思考和哲学应答，它们系统、全面、深刻地总结和概括了现代中国革命的历史经验，从理论与实践的结合上、从普遍性与特殊性的有机统一上阐明和解决了马克思主义如何中国化这一核心、关键和要害问题，为中国共产党人提供了在这一艰难路程中迎接各种挑战，特别是教条主义和经验主义严重挑战的哲学武器和思想工具，这是《实践论》《矛盾论》在中国马克思主义哲学史上的最大贡献。[1]

与马克思主义中国化这一核心问题的应答相对应，《实践论》《矛盾论》第一次从哲学逻辑和理论形态上，概括和总结了现代中国革命中存在着的实事求是的思想路线与主观主义的思想路线进行斗争的基本内容和发

---

[1] 罗森塔尔、尤金编的《简明哲学辞典》中的下面一段文字是颇有见地的：在长征胜利结束后，中国共产党为了从思想上和组织上巩固党的队伍，必须彻底批判党内存在的"左"、右倾机会主义，"毛泽东在其哲学著作《实践论》(1937)、《矛盾论》(1937)中完成了这些任务。这两部著作是根据中国历史和中国人民解放战争的具体材料创造性地解决马克思列宁主义哲学问题的卓越的典范"[许全兴、陈荟华、冯国瑞编：《国外毛泽东思想研究文选》(党校内部发行)1987年版，第65页]。

展规律。毛泽东在《实践论》《矛盾论》中创造性提炼和科学概括的坚持理论与实践的具体的历史的统一,坚持普遍性与特殊性、共性与个性、绝对与相对的辩证统一的"矛盾的问题的精髓"的哲学范式和解释框架,是我们党在政治路线、组织路线、军事路线,特别是在思想路线上同"左"、右倾机会主义,特别是同"左"倾教条主义进行斗争的历史经验的科学总结,深刻揭露了"左"、右倾机会主义,特别是"左"倾教条主义在认识根源和思维方式上的根本缺陷和严重危害,为我们党在当下和未来的革命实践中批判和避免主观主义的思想路线、坚持实事求是的思想路线提供了科学的哲学根据。

马克思主义哲学的实践性、批判性和革命性,马克思主义哲学的民族化和时代化,在毛泽东的《实践论》《矛盾论》中,得到了史无前例、无与伦比的卓越体现,得到了畅快淋漓的科学发挥。

《实践论》《矛盾论》作为毛泽东哲学创作的神来之笔,无论就其明确的主题、批判的对象,还是就其分析和论证问题的方式;无论就其对马克思列宁主义经典著作的把握和苏联已有哲学成果的汲取和超越,还是就其所表达的为中国共产党人所喜闻乐见的中国作风、中国气派和中国风格;无论就其把马克思列宁主义的世界观方法论与传统中国文化创造性结合的卓越尝试,还是就其所展示的中国革命的历史与逻辑的有机统一；无论就其对中国革命与世界大势的清醒意识和宏观驾驭，还是就其对历史和现实的具有深刻穿透力的哲学考察，以及对教条主义与经验主义错误思潮的入木三分一针见血的分析批判……在所有这些方面的意义上，毛泽东的《实践论》《矛盾论》不仅成为中国共产党的高级将领，而且也同样成为普通干部、士兵和工农大众易于接受、便于掌握和灵活运用的世界观方法论的杰作，并由此成为中国乃至世界马克思主义哲学史上具有划时代意义的哲学创造和经典篇章。

《实践论》《矛盾论》作为贯通古今中外的经典哲学著作，诞生在陕北黄土高原那片贫瘠、荒凉而又落后的土地上，创作在戎马倥偬、枪林弹雨的战争与革命的艰难岁月中，不能不说是中国哲学史乃至世界哲学史上一个难以想象的理论创造和思想奇迹。但是，正是因为它的这一深深扎根于中国大地和中国革命的理论特性和实践品格，才为中国共产党人提供了解答理论与实践、普遍性与特殊性相统一等问题的理论框架和哲学范式，才深刻而有力地铸就了现代中国革命的哲学逻辑，构架了现代中国革命经验的理论形态。毛泽东的《实践论》《矛盾论》为我们揭开了现代中国的革命之所以获得历史性胜利的哲学秘密。

第一章 引 论

《实践论》《矛盾论》虽然写作在黄土高坡延安窑洞那遭遇着空前未有的巨大挑战的灯光下,讲演在抗日军政大学那简陋异常的校舍中,但正因为它深深地根植于现代中国革命实践的深厚土壤①,反映了中国共产党人的真切的理论渴望和实践需求,并且深刻有力地批判了危害中国共产党和中国革命的教条主义和形式主义,它才能够像"普照的光"一样照亮中国共产党人的思想世界,洒遍现代中国革命的辽阔大地,并由此奠定了中国共产党思想路线的哲学基础,成为中国共产党人领导中国人民进行革命,并从胜利走向胜利的思想灵魂和哲学旗帜,从而彻底结束和改变了1840年以来中华民族被

---

① 早在1937年,斯诺就深刻地理解到毛泽东和他的思想之所以具有巨大生命力和远大前途的原因所在:"切莫以为毛泽东可以做中国的'救星'。……但是,不可否认,你觉得他的身上有一种天命的力量。这并不是什么昙花一现的东西,而是一种实实在在的根本活力。你觉得这个人身上不论有什么异乎寻常的地方,都是产生于他对中国人民大众,特别是农民——这些占中国人口绝大多数的贫穷饥饿、受剥削、不识字,但又宽厚大度、勇敢无畏、如今还敢于造反的人们——的迫切要求作了综合和表达,达到了不可思议的程度。假使他们的这些要求以及推动他们前进的运动是可以复兴中国的动力,那么,在这个极其富有历史性的意义上,毛泽东也许可能成为一个非常伟大的人物。"([美]埃德加·斯诺:《西行漫记》,生活·读书·新知三联书店1979年版,第62页。)毛泽东思想之所以具有深刻改变中国社会的巨大革命威力,根本原因就在于它深深地扎根于中国大地,并代表着最广大人民特别是农民争取自身解放的根本利益和迫切愿望。

《实践论》《矛盾论》研读

外来列强肆意凭陵的屈辱命运,提供和重构了中国共产党人的世界观方法论的基本框架,也因此革新和重塑了有着五千年文明的中华民族的文化心理结构,并最终影响和重塑了现代世界历史的基本格局和发展面貌[1],为现代人类文明和世界和平作出了独具特色的哲学贡献。

毛泽东思想的活的灵魂,作为贯穿于毛泽东思想各个组成部分的立场、观点和方法,是马克思主义哲学在中国革命和建设中的创造性运用和发展,是中国共产党人在中国土地上成功地领导人民进行革命并取得伟大胜利的思想工具,体现了鲜明的时代精神和中国特色,是马克思主义中国化的革命性变革。在由实事求是、群众路线、独立自主有机统一构成的毛泽东思想的活的灵魂中,实事求是无疑构成了三个组成部分的先决条件和内

---

[1] 巴基斯坦总理布托曾这样高度评价毛泽东的丰功伟绩:"毛泽东是巨人中的巨人,他使历史显得渺小。他的强有力的影响在全世界亿万男女的心中留下了印记。毛泽东是革命的儿子,是革命的精髓,确实是革命的旋律和传奇,是震动世界的出色的新秩序的最高缔造者";"毛泽东没有死,他永垂不朽。他的思想将继续指导各国人民和各民族的命运,一直到太阳永远不再升起。如果仅仅是从中国的范围来衡量他的划时代的功绩,那将有损于对这位非凡人物的纪念";"毛泽东的名字将永远是穷人和被压迫者的伟大而正义的事业的同义语,是人类反对压迫和剥削的斗争的光辉象征,是对殖民主义和帝国主义的胜利的标志"[许全兴、陈荭华、冯国瑞编:《国外毛泽东思想研究文选》(党校内部发行) 1987年版,第88页]。

第一章 引 论

在实说，发挥着主导统领作用，是毛泽东思想的出发点和根本点。实事求是作为一个传统文化命题，经由毛泽东把马克思主义世界观和方法论运用于中国革命实践的创造性阐释，而转换成了一个有着巨大思想内涵、深刻历史内容和鲜明时代特点的科学的哲学原则，并由此成为中国共产党人进行革命、建设和改革的思想路线。这是毛泽东具有世界眼光又立足中国土地、把马克思列宁主义基本原理运用于中国革命实践的一个伟大的哲学创造。

实事求是的思想路线是中国共产党人的生命线。在反对、批判和破除党内各种主观主义特别是"左"倾教条主义的错误思潮，在创建实事求是的思想路线的伟大历程中，毛泽东写下了一系列既高屋建瓴、又深入浅出的思想杰作，对思想路线做了多方面多维度的阐释和发挥，《实践论》《矛盾论》是这些思想杰作中最具典范意义的代表作。毛泽东的《实践论》《矛盾论》通过创造性地阐释理论与实践、普遍性与特殊性的辩证统一这一马克思列宁主义的经典原则，为引领中国共产党人如何立足于中国革命的实际去创造性地运用和发展马克思列宁主义，确立了一个哲学逻辑，提供了一个理论形态，开辟了一条思想道路。《实践论》《矛盾论》为中国共产党人确立实事求是的思想路线并赋予这一思想路线以经典的哲学形态和现代的话语形式，作出了伟大而独特的贡献。

从这个意义上说，毛泽东的《实践论》《矛盾论》不仅仅是科学的唯物论、能动的认识论和唯物的辩证法，而且是中国共产党人的批判的革命的历史唯物论。毛泽东的哲学是在中国文化传统和中国革命实践的土地上创造出来的唯物论、认识论、辩证法与历史观始终有机融合辩证统一的哲学形态，

三、马克思主义中国化的哲学秘密:坚持理论与实践、普遍性与特殊性的统一[①]

《实践论》《矛盾论》的最大贡献,在于提出了批判和清算中国共产党内长期存在的主观主义即教条主义和经验主义的基本原则,为实事求是的思想路线这一中国共产党的生命线的确立提供了最深刻的哲学根据,从而为中国共产党领导中国革命从胜利走向胜利提供了科学的世界观方法论的武器。

马克思主义中国化的核心问题,是中国共产党从成立之日起就一直存在的、把马克思主义教条化而脱离中国革命实际的主观主义。作为主观主义的表现形式的教条主义和经验主义,特别是给中国革命造成了严重危害的"左"倾教条主义的错误的实质,从哲学根源上说,就是割裂了理论与实践的具体的历史的有机统一,割裂了矛盾的普遍性与特殊性的辩证关系,割裂了马克思列宁主义的普遍原理与中国革命的特殊实践的有机结合和

---

① 刘敬东:《普遍性与特殊性相统一:马克思主义中国化的一个基本经验》,《思想理论教育导刊》2009年第2期。

辩证统一。

毛泽东从青年时代起，就在大规模阅读国内外书籍和马克思列宁主义经典文献的同时，特别注重深入到中国社会的实际生活中去调查研究，接触、了解、考察中国社会特别是农村社会的阶级关系、经济关系和社会关系，形成了《中国社会各阶级的分析》《湖南农民运动考察报告》以及一系列著名的农村调查报告，并由此找到了中国革命的现实社会力量的主体是农民大众，强调谁不懂得"农民"这两个字，谁就不懂得中国革命；而谁忘记了"农民"这两个字，就是读一百万册马克思主义的书也没有用处，因为谁就没有力量。这是毛泽东群众路线的活生生的真实内涵，是毛泽东创造性地找到了一条符合中国革命实际的农村包围城市、武装夺取政权的革命胜利之路。毛泽东用他的深刻的哲学智慧和创造性的实际行动，实现了马克思列宁主义的理论与中国革命的实践的具体的历史的统一，创制了把马克思列宁主义理论的普遍性与中国革命实践的特殊性有机结合起来的矛盾法则。

中国共产党的理论创新与革命实践之所以取得巨大胜利，马克思主义中国化之所以获得巨大成功，是因为毛泽东为马克思主义中国化第一次历史性飞跃提供了之所以可能的一个哲学秘密，即坚持理论与实践的具体的和历史的统一，坚持普遍性与特殊性的辩证统一这个"矛盾问题的精髓"，从而科学地确立了把马克思主义普遍原理与中国社会的具体实践相结合的思想路线。

马克思主义中国化发生历史性飞跃之哲学秘密的创造性回答，需要有一个能够对它进行有力阐明的解释框架和哲学范式。而这个解释框架和哲学范式不能在马克思主义中国化的逻辑进程和实践进程之外寻找，因为它就扎根于、存在于中国共产党自身的实践逻辑、理论逻辑和历史逻辑中。[1] 创制理论与实践、普遍性与特殊性的有机统一这个充满着巨大生命张力的解释框架和哲学范式，绘就现代中国革命究竟如何进行并取得胜利的理论图式和哲学模型，是中国共产党人的政治领袖和思想

---

[1] 我们在本"研读"中一再阐述的一个中心主题是，《实践论》《矛盾论》提供了现代中国革命的哲学逻辑。关于这一重要问题，美国学者莱文也给予高度重视，他认为"研究毛泽东的哲学思想不能离开毛泽东的政治实践，毛泽东的哲学思想是他的政治实践的理论化。'毛泽东在《矛盾论》中所做的，只是对他关于中国独特性的正确理论加以抽象，并以此为基础，借助于列宁的《黑格尔〈逻辑学〉一书摘要》，建构起一种一般的历史分析方法。他在延安时期的贡献，是把这些理论以一种普遍方法和第三世界革命的思想体系的形式表述出来'"。"就理论与实践比较的角度而言，毛泽东更多地是一个实行家、实践家，而不是理论家，更不是专门意义上的哲学家。而且，从现代学术规范、学科划分的角度看，毛泽东是很难进入纯粹学术思想史、哲学思想史系列的。然而哲学存在于生活中，它是时代精神的菁华，它深深地扎根于现实生活的土壤中。"（尚庆飞：《国外毛泽东学研究》，江苏人民出版社2008年版，第472页。）

领袖毛泽东的一个伟大创造。

自中国共产党成立之日起,就始终存在着一个马克思主义如何中国化的问题。这一问题关系到中国共产党的生死存亡,关系到中国民族民主革命的得失成败。而这一问题的核心或实质,是如何把马克思列宁主义的普遍原理与中国社会的具体实践创造性地结合起来。这是中国革命、建设和改革能否沿着合理、健康和正确的道路前进发展的关键所在。而这个重大而基本的问题得到解决,绝不是教条式地照抄照搬马克思列宁主义的理论原则,也绝不是机械地听命于共产国际和苏联共产党的那来自遥远空间的外部指令,它需要的是中国共产党人深深地扎根于中国土地与中国的革命实际,同时又合理并创造性地运用马克思列宁主义精神实质的哲学智慧和历史智慧。

中华民族是一个富于深厚历史意识,同时又具有博大包容胸襟的民族。浸润着这一深厚人文精神传统,同时又具有马克思列宁主义眼光和开拓创新精神的毛泽东,就成为中国共产党内既善于总结中国悠久历史经验和近现代中国革命逻辑,又创造性吸收外来先进思想并用它指导现在、谋划未来的思想大师和革命领袖。这个历史经验就是中国的深厚历史传统和复杂基本国情,就

第一章 引　论

是中国共产党人进行现代民族民主革命的实践经验①，就是俄国十月革命划时代的成功实践，就是殖民地半殖民地国家风起云涌的革命解放运动；这个外来的先进思想就是马克思列宁主义的世界观方法论，就是国外一切经过批判借鉴并能够为我所用的思想、理论和哲学，就是包括苏联在内的其他一切国家的能够加以汲取的哲学家思想家们的进步思想和精神成就。从这样一个历史背景出发，我们就可以理解毛泽东为什么在战乱频仍、戎马倥偬的艰苦卓绝的战争岁月中，仍然高度重视并历时一年主导起草了在1945年党的六届七中全会上通过的《关于若干历史问题的决议》。这是我们党把自身革命实践的历史经验（包括历史教训）提升为理论形态的一个经典案例。也正是从这样一个基本原因出发，我们就可以理解毛泽东为什么在国内外大敌当前、兵临城下的枪林弹雨中，在极端复杂的政治斗争、军事战争中，在领导中国革命的日理万机的时代情境中，依然废寝忘食地博览群书、精深研究，不仅反复阅读马克思列宁主义经

---

① 苏联著名的马克思列宁主义哲学家尤金非常敏锐地意识到毛泽东的哲学著作是中国革命经验的理论形态这一特点，认为"毛泽东的著作之所以使马克思主义者特别感到兴趣，是因为他经常从马克思列宁主义理论的观点来阐明革命经验"[许全兴、陈葆华、冯国瑞编：《国外毛泽东思想研究文选》（党校内部发行）1987年版，第19页]。

典著作，而且还广泛搜集、涉猎古希腊哲学家和斯宾诺莎、卢梭、康德、黑格尔等西方哲人的著作，写下了大量的批注和读书笔记。同时毛泽东那底蕴深厚的中国传统文化功夫，以及对传统文化的基本观念和经典语言驾轻就熟地加以运用的天才般的能力和水平，也同样为他准备、提供和积累了丰富的思想前提、文化资料和语言资源。这是毛泽东之所以能够从事伟大的哲学创造，创制现代中国革命的哲学逻辑，为中国革命找到一条正确道路的一系列根本原因。

马克思主义究竟如何中国化？如何在哲学世界观和方法论上提供一个解决这一重大问题的理论框架和哲学范式？这是中国共产党自成立之日起，就必须面对而不能回避的一个急迫的、根本性的课题。正是由于这一问题关乎中国革命和中国共产党人的生死存亡，毛泽东才反复强调主观主义、本本主义、教条主义以及经验主义对中国共产党人和中国革命的严重危害。毛泽东谆谆告诫中国共产党人"要分清创造性的马克思主义和教条式的马克思主义"[①]，把教条主义和本本主义尖锐地批评为"臭的马克思主义""死的马克思主义"[②]。毛泽东深刻反

---

① 《毛泽东文集》第2卷，人民出版社1993年版，第373页。
② 《毛泽东文集》第3卷，人民出版社1996年版，第331—332页。

思和总结中国共产党领导人民进行革命的基本经验和历史教训，终于创造性地开辟了一条把马克思列宁主义的普遍原理运用于中国革命的具体实践的正确道路，并从马克思主义哲学世界观和方法论的高度，对这条正确的革命道路进行了深入浅出的哲学论证，强调中国共产党人必须坚持知与行、理论与实践之具体的历史的统一，提出矛盾的普遍性与特殊性、共性与个性、绝对与相对之相互关系问题，是关于"矛盾的问题的精髓"的著名哲学论断，并以极其鲜明、科学严谨的理论态度和哲学语调，谆谆告诫中国共产党人"不懂得它，就等于抛弃了辩证法"[1]，从而在哲学上为中国共产党人提供了如何解决马克思主义中国化这一核心问题的世界观和方法论的伟大的认识工具和思想方式，同时也为我们从哲学上、理论上解读马克思主义中国化的变革历程和历史飞跃，提供了一个至今依然富有强大生命力的透视视角、解释框架和哲学范式。

总之，坚持理论与实践的具体的和历史的统一，坚持普遍性与特殊性的统一这个"矛盾问题的精髓"，把马克思列宁主义的普遍原理与中国革命的具体的特殊的实践相结合，开创一条中国共产党领导的民族民主革命

---

[1]《毛泽东选集》第1卷，人民出版社1991年版，第320页。

从胜利走向胜利的光辉道路，这就是马克思主义中国化的哲学秘密和实践秘密。在毛泽东的《实践论》《矛盾论》中，理论与实践，历史与现实，矛盾法则与中国革命，马克思列宁主义与中国革命的具体实践等等一系列问题都创造性地有机结合在一起。因此《实践论》《矛盾论》是马克思主义中国化了的唯物论、认识论、辩证法与历史观之有机贯通的经典哲学篇章。

第一章　引　论

四、《实践论》《矛盾论》与毛泽东思想

毛泽东思想塑造了一个伟大的毛泽东时代，国家独立、人民解放和社会主义制度的建立是这个时代的核心内容和基本结构。而毛泽东思想的哲学基础是它的世界观方法论，它的精髓和灵魂是实事求是的思想路线，没有这条思想路线，中国共产党人就失去了从胜利走向胜利的生命线。而《实践论》关于理论与实践的具体的历史的统一的基本原则，《矛盾论》关于矛盾的普遍性和特殊性的相互关系这一矛盾问题的精髓的矛盾法则，在实事求是的思想路线的形成中发挥了特别重要的关键性作用。

毛泽东思想是培育和武装第一代中国共产党人的理论工具和精神武器，是中国共产党人领导中国人民在摧毁旧世界、建立新社会的过程中之所以战无不胜、无可匹敌的思想秘密和精神武器。这是我们解读"没有毛泽东，就没有新中国"这个每一个普通的中国老百姓都耳熟能详的历史命题的真正答案之所在。

毛泽东思想究竟是如何产生的？这个马克思主义中国化的重大问题当然可以有不同的解释角度，但无论从

什么角度加以阐明和回答，我们都不能回避这样一个最基本最重大的事实：毛泽东思想是在同主观主义之表现形式的教条主义和经验主义进行理论斗争、思想斗争、政治斗争的过程中，特别是在同党内"左"倾教条主义的尖锐对立和严重斗争中逐步形成和发展起来的。那么，中国共产党内的教条主义和经验主义的最根本问题究竟是什么？这个最根本问题，就是在马克思列宁主义的普遍原理与中国革命的具体实践的相互关系问题上，存在着把本来应当是辩证统一的两个方面割裂开来的严重错误倾向。在中国共产党的早年时期或幼年时期，这种错误思想几乎断送了中国共产党和中国革命。在回应党内教条主义和经验主义严重挑战的过程中，毛泽东逐渐形成了解释和解决中国革命问题的哲学原则和解释框架：必须坚持理论与实践、普遍性与特殊性的辩证统一——这一为毛泽东加以创造性发挥的，具有中国特点、中国风格、中国气派的马克思列宁主义的世界观和方法论原则。

作为实事求是思想路线的创立者，毛泽东用自己的行动、思考和理论践行了这一思想路线。1927年春撰写的《湖南农民运动考察报告》，科学地发现、确认和突出了农民阶级是中国革命的主要依靠力量，奠基了符合中国实际的工农联盟的理论基础；在1929年的《关于纠正党内的错误思想》，强调要教育党员用马克思列宁主义的方法去作政治形势的分析和阶级势力的估量，代替主观主义的分析和估量，使党员通过社会经济的调查研究来决定斗争的策略和工作的方法；1930年的《反对本本主义》，强调中国革命斗争要靠中国同志了解中国情况，阐明了社会经济调查对正确的阶级估量和制定正确的斗争策略、避免脱离实际调查的唯心的阶级估量和工作指导的机会主义和盲动主义的重要作用，作出了"没有调查，没有发言权"的著名结论；1929—1933年间，在江西赣南写成的《寻乌调查》，五次到兴国实地调查写成的《兴国调查》以及著名的《长冈乡调查》等，为中国土地革命初期制定政策提供了依据；在延安，1941年的《农村调查》的序言和跋，强调唯一的方法是向社会调查，调查社会各阶级的生动情况对革命斗争的重大意义；1942年发表的《整顿党的作风》和《反对党八股》，对党内主观主义表现形式的教条主义和经验主义以及洋八股严厉批评，强调以新鲜活泼的、为中国老百姓所喜闻乐见的中国作风和中国气派的马克思主义文风，作为践行实事求是思想路线的基本要求。

在毛泽东思想的三大灵魂中，实事求是的思想路线是毛泽东思想的精髓和活的灵魂。实事求是的思想路线的核心要义，就是坚持马克思列宁主义基本原则与中国革命和建设的具体实践相结合，并且在这个基础上创造性地发展马克思主义，实现和推进马克思主义中国化的变革历程。《实践论》提出的坚持理论与实践的具体的历史的统一，《矛盾论》强调的坚持矛盾的普遍性与特殊性、共性与个性的辩证的有机的统一，提供了把马克思列宁主义基本原则与中国革命的具体实践相结合的经典的世界观方法论原则，阐明了马克思主义如何中国化的哲学秘密和基本途径。

毛泽东思想这一伟大思想的产生，以及在这一思想指导下所取得的中国民族民主革命的胜利和现代民族主权国家的建立，社会主义制度在中国大地上划时代、破天荒般的创制，从哲学的透视视角、解释框架和解释范式上来说，它是以毛泽东为代表的第一代中国共产党人创造性阐释和发挥的，坚持理论与实践之具体的历史的统一，坚持普遍性与特殊性的辩证的有机的统一之世界观方法论的必然产物。毛泽东从哲学上论证和阐明的关于理论与实践、普遍性与特殊性有机统一的世界观和方法论，是马克思主义中国化第一次历史性飞跃过程中的最重大的、具有里程碑意义的哲学创造。这一重大的哲学创造所铸就的现代中国革命的哲学逻辑和理论形态，成就了一百多年来中华民族前赴后继、梦寐以求的民族民主革命的伟大胜利，成就了现代中国主权国家的建立这一世界历史性的重大事件。这是马克思主义中国化第一次历史性飞跃所取得的最重大的理论成果和实践成果。

毛泽东思想是以毛泽东为卓越代表的第一代中国共产党人，在引领中国人民迎接内忧外患的严重挑战、挺立于现代世界民族之林过程中的一次伟大的哲学创造和理论创新，是出现在20世纪东方历史地平线上的一次辉煌壮丽的思想日出。毛泽东思想的基本精神和历史意义，是通过确立以实事求是、群众路线、独立自主作为自己的活的灵魂，通过阐释知与行、理论与实践的具体的历史的统一，通过提供作为矛盾问题之精髓的普遍性与特殊性、共性与个性、绝对与相对的辩证统一的理论原则和哲学框架，破解了中国革命究竟如何进行的巨大、深刻而艰难的理论任务和历史课题，为中国共产党人提供了如何引领中国人民进行革命的无坚不摧的哲学武器，锻造了中国共产党人特别是中国共产党领袖集团的哲学的解释范式和辩证的思维方式，从而为断然拒绝"左"、右倾机会主义，特别是"左"倾教条主义给中国革命和中国共产党造成严重危害提供了科学的世界观方法论，创造性地解决了中国革命的性质、对象、前途、道路、领导和依靠力量等一系列重大的理论问题和实践问题，从哲学理论和哲学思维上培育、提高和增强了中国共产党人的生存能力、发展能力和革命能力,从而为中华民族赢得近现代一百多年来几代中国人抛头颅洒热血梦寐以求的国家独立和人民解放,为中国真正跨入现代世界民族之林,为建设现代主权—民族国家,为社会主义制度在中国的确立,创立了一个基本的哲学逻辑和理论前提。

毛泽东的哲学观念和实践智慧,构成了毛泽东思想的内在灵魂,成为第一代中国共产党人在国内外敌人强力威逼的血雨腥风、枪林弹雨中,依然从容应对、胜利前行的制胜法宝。在《实践论》中,毛泽东通过深刻揭示认识运动的基本规律,创造性地阐明了中国共产党人坚持理论与实践相结合的原则,在知与行的具体的历史的统一中科学地坚持和发展马克思列宁主义的基本原则。在《矛盾论》中,毛泽东把矛盾的普遍性与特殊性、共性与个性、绝对与相对的辩证关系视为"矛盾的问题的精髓",着重强调了研究矛盾特殊性的极端重要性,阐明了作为矛盾特殊性之表现形式的主要矛盾与次要矛盾、矛盾的主要方面与次要方面的对立统一及其转化的基本规律,说明毛泽东把马克思主义的普遍原理与中国革命的具体实践如何结合的问题,高度自觉地上升到哲学世界观方法论的高度加以把握和总结,并由此深入论证和清晰界定了关系到中国共产党人生死存亡的实

第一章 引　论

事求是的思想路线，从而找到了如何把马克思主义中国化、实现中国共产党人自身的理论创新和实践创新的历史逻辑和现实道路。

因此我们必须从上述这一历史背景和实践背景出发，来认识、把握和阐明毛泽东思想基本的理论意义和实践意义。在毛泽东思想活的灵魂的三个方面中，实事求是作为中国共产党的思想路线，诠释了把马克思列宁主义与中国革命的具体实践相结合的哲学秘密；群众路线的确立，是中国共产党代表最广大人民群众的根本利益，把最广大的人民群众团结在自己的周围，并把人民群众的历史主体地位真正地发挥出来的正确路线；而独立自主，则是实事求是的思想路线的根本要求，是中国共产党正确地处理同苏联共产党和共产国际的相互关系的根本保证。实事求是、群众路线和独立自主作为毛泽东思想的三大灵魂，是中国共产党领导中国人民从胜利走向胜利的科学的世界观方法论。

毛泽东思想是关于中国新民主主义革命、社会主义革命和建设的一系列基本问题的科学理论。在毛泽东思想的基本理论中，统一战线、武装斗争、党的建设三大法宝占有极其重要的地位。毛泽东运用主要矛盾和次要矛盾相互关系的理论，反复强调只有团结一切可以团结的力量，建立最广泛的统一战线，才能战胜最主要最凶恶的敌人；毛泽东从矛盾的主要方面和次要方面的基本原理出发，强调枪杆子里面出政权，只有进行武装斗争才能夺取国家政权，才能实现社会制度、社会性质的根本变化，完成新民主主义革命的根本任务，并向社会主义过渡；而党的建设，则是中国革命从胜利走向胜利的根本政治保证。没有中国共产党的领导，中国共产党自身的建设搞不好，最广泛的统一战线就不能建立，以最广大的人民群众为现实主体的农村包围城市的武装斗争也就不可能进行并取得胜利。三大法宝是一个相互联系不可分割的有机整体，所以毛泽东强调，掌握了三大法宝，就是掌握了全部的中国革命。

在毛泽东思想的基本理论中，思想政治工作、政策和策略以及国际战略和对外方针，是中国革命顺利进行并取得胜利的三大保证。毛泽东一再强调，思想政治工作是全党全军进行伟大斗争的中心环节，强调政策和策略是党的生命，强调中国革命作为世界社会主义革命的一部分，制定正确的国际战略和对外方针对于建立最广泛的国际统一战线以争取中国革命胜利有重大意义。

中国共产党有了以三大灵魂、三大法宝和三大保证为主要内容的毛泽东思想的科学指引和理论武器，就领导中国人民赢得了一百多年中几代人前赴后继、抛头颅洒热血孜孜以求的民族民主革命的胜利，推翻了三座大山。以毛泽东为代表的中国共产党人领导的中国革命的胜利,不仅奠定了中国道路和民族复兴的历史前提,而且极大地鼓舞和引领了全世界被剥削被压迫民族争取民族独立和人民解放的伟大事业。

毛泽东思想是中国化了的马克思列宁主义,毛泽东的哲学是中国共产党人的科学的唯物论、能动的认识论、唯物的辩证法和革命的历史观有机统一的科学体系。科学的唯物论、能动的认识论和唯物的辩证法是理论前提和哲学工具,批判的和革命的社会历史观是理论目标和最终归宿。毛泽东的思想和哲学不仅是中国共产党人的进行革命、建设和改革的认识论、辩证法和历史观,而且也是全世界一切被压迫民族和被压迫人民的认识论、辩证法和历史观。毛泽东的思想和哲学是中国人民和世界人民的批判的和革命的哲学世界观和方法论。

毛泽东的思想和哲学不仅深刻地塑造了中国,变革了东方世界,而且深刻地塑造了世界历史,影响并改变了20世纪的世界政治经济格局。

五、《实践论》《矛盾论》与中国特色社会主义的开辟[①]

毛泽东思想不仅是中国共产党获得民族民主革命胜利、建立社会主义制度、赢得自己执政地位的指导思想,同时也是中国共产党人能够成功地开辟一条中国特色社会主义道路、实现马克思主义中国化新的历史性飞跃的基本的理论旗帜。

毛泽东关于知与行、理论与实践之具体的历史的统一的科学的唯物论和能动的认识论,关于普遍性与特殊性、共性与个性、绝对与相对之"矛盾的问题的精髓"的唯物的辩证法,关于代表社会发展规律和中国人民根本利益的社会历史观,不仅深刻地阐明了毛泽东创立的实事求是的思想路线的哲学基础,阐明了毛泽东思想何以诞生的哲学逻辑,阐明了中国共产党领导的民族民主革命何以胜利的理论秘密,而且也为我们考察研究和阐释邓小平理论、"三个代表"重要思想、科学发展观的

[①] 刘敬东:《普遍性与特殊性相统一:马克思主义中国化的一个基本经验》,《思想理论教育导刊》2009年第2期。

理论变革何以可能的秘密、方法和机制,提供了一个基本的透视视角和哲学范式,从而为中国特色社会主义道路的开辟提供了一个基本的透视视角和解释框架。

1. 邓小平理论与中国特色社会主义道路的开辟

毛泽东的《实践论》《矛盾论》不仅塑造了现代中国革命的哲学逻辑和中国革命实践的理论形态,而且也提供了中国社会主义建设和改革开放的哲学基础和理论。邓小平在"文化大革命"结束后中国何去何从的重大历史关头,以巨大的政治勇气、战略智慧和思想,高举解放思想的旗帜,重新确立了实事求是的思想路线。由此,毛泽东创立的实事求是的思想路线成为中国特色社会主义变革的哲学逻辑和思想武器。

中国特色社会主义道路的开辟有其特定的历史原因和时代背景。中国共产党十九届六中全会的决议,深刻阐明了这一历史原因和时代背景:"'文化大革命'结束以后,在党和国家面临何去何从的重大历史关头,党深刻认识到,只有实行改革开放才是唯一出路,否则我们的现代化事业和社会主义事业就会被葬送。一九七八年十二月,党召开十一届三中全会,果断结束'以阶级斗争为纲',实现党和国家工作中心战略转移,开启了改革开放和社会主义现代化建设新时期,实现了新中国成立以来党的历史上具有深远意义的伟大转折。党作出彻底否定'文化大革命'的重大决策。四十多年来,党始终不渝坚持这次全会确立的路线方针政策。"①

邓小平为什么在第三次复出后一再强调要完整地、准确地理解毛泽东思想的科学体系?为什么一再强调实事求是是毛泽东思想的根本点和出发点?为什么一再强调解放思想的重大作用,并把它同实事求是紧密联系在一起?为什么大力支持真理标准问题的讨论,并高瞻远瞩地意识到它对于思想解放的深远历史意义?为什么提出党和国家的领导体制改革这一重大问题?为什么一再强调计划和市场的相互关系问题?为什么反复强调"两手抓""两手都要硬"等一系列重大问题?所有这一切关乎当代中国前途和命运的重大问题,都必须回到当时的历史背景和时代语境中才有可能找到合理答案。

邓小平在1977年第三次复出时面临的最大挑战,从思想路线和实践观念上来讲,是我们党内自1957年以来就存在的、在十年"文化大革命"中登峰造极的"左"倾教条主义。邓小平强调,一个党,一个国家,

---

① 中国共产党十九届六中全会:《中共中央关于党的百年奋斗重大成就和历史经验的决议》。

第一章 引　论

一个民族，如果一切从本本出发，思想僵化，迷信盛行，那它就不能前进，它的生机就停止了，就要亡党亡国。这是邓小平从党和国家的前途命运出发，领导和支持理论界开展真理标准问题大讨论的根本原因。而邓小平在当时的历史背景下反对"左"倾教条主义的思想武器，就是作为毛泽东思想的精髓和活的灵魂的实事求是的思想路线，就是毛泽东关于理论与实践、普遍性与特殊性相统一的哲学逻辑和理论框架。我们有理由认为，邓小平以巨大政治勇气和思想智慧提出的"走自己的道路，建设有中国特色的社会主义"这一著名的经典论断的哲学基础，就来源于毛泽东关于理论与实践具体的、历史的统一的基本原则，特别是普遍性与特殊性、共性与个性相统一的科学的矛盾法则。

这里的"社会主义"，是强调中国共产党人继续坚定不移地坚持马克思列宁主义的普遍原理，坚持科学社会主义的基本原则；这里的"走自己的道路"和"中国特色"，是强调中国共产党人领导的社会主义，必须深深地根植于中国土地，适合中国国情，发扬光大中国历史文化传统，具有鲜明的中国特点和民族特性，反映中国人民的根本愿望，倾听中国特色的现代化实践的独特的客观要求，而不是机械盲目地照抄照搬马克思列宁主义的基本理论，照抄照搬苏联等国的经验、理论制度和模式。

这就是说，毛泽东关于知与行、理论与实践之具体的历史的统一的基本原则，关于普遍性与特殊性、共性与个性、绝对与相对之辩证关系的哲学智慧，已经作为"矛盾的问题的精髓"自然而然地奠基在邓小平理论的哲学基础中了。

以邓小平为代表的中国共产党人断然否定"文化大革命"的错误路线，以伟大政治家的审时度势的理论智慧和战略勇气，重新确立并发展了我们党实事求是的思想路线，在中国社会主义理论与实践的基本问题上实现了具有深远意义的一系列重大转折：重新肯定了1956年中国共产党第八次全国代表大会作出的我国社会的主要矛盾是人民日益增长的物质文化需求与落后的社会生产之间的矛盾的重大论断，清醒而果断地作出了从"以阶级斗争为纲"到社会主义现代化经济建设伟大战略转移的历史性决定，这是创造性地运用毛泽东关于主要矛盾和次要矛盾相互关系的原理在治国方略上的一个重大突破，从而开辟了改革开放这一走向民族复兴的康庄大道；创造性地继承和发展了毛泽东关于矛盾的普遍性与特殊性之辩证统一的实践哲学，科学地解决了如何把马克思列宁主义普遍原理与中国社会主义改革开放的具体实践相结合这一中心问题，提出了"走自己的道路，建设有中国特色的社会主义"的意义深远的重大科

第一章 引　论

学论断，这是创造性地运用毛泽东关于"事物矛盾问题的精髓"这一伟大的矛盾法则的经典范例；围绕着"什么是社会主义、怎样建设社会主义"这一具有巨大开放性而拒绝独断性的根本问题，创造性地提出了"一个中心、两个基本点"的社会主义初级阶段的基本路线，提出了以市场和法治为两翼的改革逻辑，架通了市场经济与法治国家与社会主义之间的桥梁，从新的实践和时代特征出发坚持和发展了马克思主义，科学回答了建设中国特色社会主义的发展道路、发展阶段、根本任务、发展动力、发展战略、政治保证、国家统一、外交和国际战略、领导力量和依靠力量等一系列基本问题，这是创造性地运用毛泽东关于科学的唯物论、能动的认识论和唯物辩证法，实现马克思列宁主义、毛泽东思想与中国改革开放的具体实践相结合的一个重大的理论创新和实践的突破；深刻洞察并科学阐明了当代世界从"战争与革命"到"和平与发展"的重大历史性转折，在世界大地上率先突破了第二次世界大战后形成的、主导了东西方两大阵营几十年深刻对立的冷战思维方式，在理论与实践上历史性地重构了社会主义与资本主义的相互关系，断然摒弃了社会主义与资本主义绝对对立而不能相互借鉴、相互封闭而不能相互开放的形而上学的思想方式和意识形态教条，打通了中国社会主义与外部世界，特别是与西方发达国家进行普遍交往的理论通道和实践通道。

邓小平理论因此开辟了马克思主义中国化新的历史性飞跃的变革历程，实现了社会主义从传统形态到现代形态的历史性革新，破解了20世纪世界社会主义发展史和共产党人执政史上市场经济、法治国家和社会主义相互关系的"世纪性难题"，从而不仅在理论形态上，同时也在实践和制度形态上，历史性地展示了中国共产党人引领中华民族在21世纪何以复兴的基本秘密。这是邓小平运用毛泽东关于理论与实践、普遍性与特殊性相统一的哲学范式和解释框架，重新确立实事求是的思想路线，创造性地解决当代中国问题、开辟改革开放这一民族复兴之康庄大道的卓越范例。这不仅在中国现代史上，而且在整个世界社会主义史以及发展中国家走向现代化道路的历史上，都是浓墨重彩的经典篇章。

中国共产党革命、建设和改革的历史一再证明，反对和批判作为主观主义之表现形式的经验主义特别是"左"倾教条主义，一直是关系到中国共产党人生死存亡的重大任务之一。中国共产党人之所以每当处于历史发展的重大转折时刻，都鲜明而强烈地提出思想解放和理论创新的历史任务，在某种意义上说就是为了破除主观主义，特别是"左"倾教条主义的严重障碍，重新获得既能够自我变革、自我发展，而又善于对外开放、合理借鉴的新的理论形态。邓小平之所以在中国社会发展的又一个关键时刻，在88岁高龄之时仍千里迢迢不辞辛劳地视察中华大地并发表著名的南方谈话，反复强调解放思想，深刻批判姓"资"还是姓"社"的争论，强调计划和市场的非社会制度的属性，作出"中国要警惕右，但主要是防止'左'"[①]的著名论断，目的都在于断然拒绝、否定和排除"左"倾教条主义可能带给中国共产党、中国人民和中国特色社会主义的严重危害。这是当代中国共产党人之所以能够批判性地超越前人，实现社会主义理论与实践之重大变革的哲学秘密和理论秘密，是中国共产党人赢得新的卓越的执政能力和现代化领导水平的深层理论原因，是当代社会主义中国之所以能够顺应世界现代化潮流，推动社会主义国家走向市场经济和法治国家而充满生机与活力并取得而且将继续取得巨大成就的根本原因之一。

毛泽东在《实践论》和《矛盾论》中所创制的现代中国革命的哲学逻辑和中国革命实践经验的理论形态，毛泽东提出的理论与实践的具体的历史的统一的马克思主义的唯物论和认识论原则，普遍性与特殊性相统一的

---

① 《邓小平文选》第3卷，人民出版社1993年版，第375页。

马克思主义的矛盾法则,特别是实事求是的思想路线,奠定了中国特色社会主义的哲学基础。邓小平理论与毛泽东思想既一脉相承,又与时俱进,不断发展。邓小平理论的创立,不仅变革了中国,开辟了中国特色社会主义这一民族复兴的发展道路,而且引领了20世纪后半叶世界社会主义理论与实践的重大变革,开辟了广大发展中国家走向现代化的新的发展道路和多元空间。

中国共产党十九届六中全会的决议指出:"党的十一届三中全会以后,以邓小平同志为主要代表的中国共产党人,团结带领全党全国各族人民,深刻总结新中国成立以来正反两方面经验,围绕什么是社会主义、怎样建设社会主义这一根本问题,借鉴世界社会主义历史经验,创立了邓小平理论,解放思想,实事求是,作出把党和国家工作中心转移到经济建设上来、实行改革开放的历史性决策,深刻揭示社会主义本质,确立社会主义初级阶段基本路线,明确提出走自己的路、建设中国特色社会主义,科学回答了建设中国特色社会主义的一系列基本问题,制定了到二十一世纪中叶分三步走、基本实现社会主义现代化的发展战略,成功开创了中国特色社会主义。"[①]

[①] 中国共产党十九届六中全会:《中共中央关于党的百年奋斗重大成就和历史经验的决议》。

2."三个代表"重要思想和马克思主义与时俱进的理论品质

以江泽民同志为主要代表的中国共产党人,在新的历史条件下形成了"三个代表"重要思想。"三个代表"重要思想得以形成的历史背景和理论渊源,就是毛泽东在中国大地上建立的社会主义制度,就是邓小平开辟和奠基的中国特色社会主义的理论和道路,就是由毛泽东在中国革命的历史条件和时代背景中创立、邓小平在新的历史条件和时代背景中重新确立的实事求是的思想路线。

江泽民为什么强调"马克思主义具有与时俱进的理论品质"?为什么强调发展马克思主义要以"我们正在做的事情为中心"?为什么作出加入世界贸易组织(WTO)这一重大战略决策?为什么明确提出并实践社会主义市场经济和社会主义法治国家的意义深远的重大治国理念?为什么在国际政治舞台上一再强调并坚持"文明的多样性"原则?

所有这些重大问题的哲学背景和理论基础,同样只有在毛泽东关于实事求是的思想路线,在理论与实践之具体的历史的统一,在普遍性与特殊性相统一的矛盾辩证法的世界观、方法论的科学逻辑中,才能够得到合理和有说服力的回答。

"三个代表"重要思想的重大贡献,有两个方面需要在这里特别提到,一是在邓小平理论关于市场经济、法治国家与社会主义相互关系的改革逻辑和理论基础上,进一步自觉而明确地确立了社会主义市场经济的改革目标和基本框架,形成了社会主义市场经济的一系列政策体系和体制机制;二是根据社会主义市场经济的基本逻辑和发展要求,确立了依法治国、建设社会主义法治国家这一具有历史性意义的重要治国方略和法治原则。社会主义市场经济和法治国家治国方略的历史性确立,是中国共产党人的具有里程碑意义的理论创新和制度创新,对中国特色社会主义理论、制度和道路的发展和深化,对中华民族的伟大复兴具有深远而重大的历史意义。

"三个代表"重要思想之所以成为马克思主义中国化的重大成果,根本原因就在于,中国共产党人一方面顺应当代世界各国走向市场经济和法治国家的时代潮流,一方面又深深根植于中国土地和历史文化传统,以中国人民的根本利益为出发点,以中国正在做的事情为中心,坚持理论与实践、普遍性与特殊性之有机统一的世界观方法论,把科学社会主义的基本原理与当代中国改革开放的具体实践相结合,对当代中国共产党人执政兴国的一系列重大问题进行了深入研究,科学地回应了

第一章 引 论

在社会主义市场经济条件下中国社会阶层不断分化的新的现实的要求，为加强和改进党的建设，推进中国特色社会主义自我完善和自我发展提供了新的理论武器。把马克思主义的普遍原理和中国改革开放的新的实践相结合，科学地分析和判断世情、国情、党情，排除了各种干扰和影响中国特色社会主义健康发展的"左"、右倾教条主义，进一步回答了"什么是社会主义、怎样建设社会主义"的问题，创造性地回答了"建设什么样的党、怎样建设党"的问题，深化了对马克思科学社会主义的理解，深化了对中国特色社会主义的认识，在邓小平"三步走"战略目标的基础上，为全面建设小康社会做了进一步系统的理论分析、战略规划和策略设计，全面勾画了建设这一历史性目标的宏伟蓝图，进一步培育了中国共产党人的执政理念和执政意识。"三个代表"重要思想在改革发展稳定、内政外交国防、治党治国治军等各个方面，提出了一系列紧密联系、相互贯通的新思想、新观点、新论断，构成了一个系统全面的科学理论，开创了全面建设中国特色社会主义的新局面，人民生活总体上实现了由温饱到小康的历史性跨越。"三个代表"重要思想坚持理论与实践、普遍性与特殊性相统一的矛盾原则，创造性地运用马克思主义的普遍原理应对和解决中国改革开放的具体实践所提出的重大问题，在世纪之交续写出新的篇章。

中国共产党十九届六中全会的决议指出:"党的十三届四中全会以后,以江泽民同志为主要代表的中国共产党人,团结带领全党全国各族人民,坚持党的基本理论、基本路线,加深了对什么是社会主义、怎样建设社会主义和建设什么样的党、怎样建设党的认识,形成了'三个代表'重要思想,在国内外形势十分复杂、世界社会主义出现严重曲折的严峻考验面前捍卫了中国特色社会主义,确立了社会主义市场经济体制的改革目标和基本框架,确立了社会主义初级阶段公有制为主体、多种所有制经济共同发展的基本经济制度和按劳分配为主体、多种分配方式并存的分配制度,开创全面改革开放新局面,推进党的建设新的伟大工程,成功把中国特色社会主义推向二十一世纪。"[1]

3. 科学发展观与中国特色社会主义理论和实践的深化

党的十六大以后,以胡锦涛同志为主要代表的中国共产党人坚持解放思想、实事求是、与时俱进、求真务

---

[1] 中国共产党十九届六中全会:《中共中央关于党的百年奋斗重大成就和历史经验的决议》。

实，形成了科学发展观，丰富和发展了中国特色社会主义理论，开创了中国特色社会主义发展的新局面。

胡锦涛为什么一再强调求真务实，并提出解放思想是中国特色社会主义的一大法宝？为什么提出修宪建议以保护合法的私人产权，并在此基础上出台了意义重大而深远的《物权法》？为什么坚定不移地断然拒绝封闭僵化的老路和改旗易帜的邪路？为什么谆谆告诫中国共产党人和全体国民"不折腾"，反复强调必须走科学发展的和谐社会之路？为什么在世界舞台上庄重而严肃地提出构建和谐世界的重大政治主张？

所有这些问题的哲学逻辑和理论前提，只有在毛泽东关于实事求是的思想路线，在关于理论与实践具体的历史的有机统一、普遍性与特殊性相统一的矛盾法则中，才能够得到历史的和有说服力的回答。

不始终坚持实事求是的思想路线，不始终坚持知与行、理论与实践的具体的历史的统一这一基本原则，就做不到既坚持马克思主义的基本原理，又实现马克思主义的与时俱进，作出新的重大理论创新；不始终坚持普遍性与特殊性相统一的矛盾辩证法，就做不到既坚持科学社会主义的基本原理，又坚定不移地立足中国实际，破除各种形式的教条主义，走具有中国特色的科学发展之路。

理论与实践具体的历史的统一、矛盾的普遍性与特殊性的辩证关系作为毛泽东破解中国革命和建设规律之谜的哲学逻辑和实践智慧，是每一代中国共产党人继续推进马克思主义中国化之变革历程的伟大的哲学工具。科学发展观的提出和确立，是以胡锦涛同志为主要代表的中国共产党人自觉运用这一哲学工具，科学判断新世纪新阶段的时代特征和实践要求，认真面对改革开放以来经济社会发展中出现的新问题和新挑战，既立足中国又放眼世界，把马克思主义普遍原理与当代中国的改革实践相结合所进行的理论创新，是当代中国共产党人为实现中国经济社会的科学发展、构建社会主义和谐社会、建设和谐世界，为加强党的执政能力、提高党的领导水平和执政水平，为深入推进中国特色社会主义的伟大事业，站在新的历史起点和时代高度上对共产党执政经验的深刻总结。

胡锦涛强调指出，必须用发展着的马克思主义指导新的实践，并把这一关键问题作为中国共产党执政半个多世纪的首要的基本经验。这个首要的基本经验说明，如果把马克思主义当作普遍套用的教条，如果不深入研究发生在中国大地上的不断变化的实践，如果不坚持理论与实践之具体的历史的统一，如果不把普遍性与特殊性之相互关系这个"矛盾的问题的精髓"作为哲学法则，科学发展观、执政能力论与和谐社会论就不可能产生。

以胡锦涛为主要代表的中国共产党人，基于中国和世界社会主义运动的基本经验和历史教训，提出解放思想是发展中国特色社会主义一大法宝的重要论断，成为我们党推进理论创新和实践变革的方法论原则。科学发展观是以胡锦涛为主要代表的中国共产党人基于中华民族的复兴大业，顺应世界和平与发展的时代潮流，在中国土地上所书写的马克思主义发展史的崭新篇章，是马克思主义中国化变革之路上的一个新的里程碑。当代中国共产党人努力把占有人类五分之一人口的、世界上最大的发展中国家纳入科学发展的和谐社会的框架中，并以独特的中国智慧倡导和推动和谐世界的建构，宣示了当代中国共产党人胸怀祖国放眼世界的宏伟历史抱负，展示了古老而年轻的中华民族勇于担当人类的和平使者与发展责任的世界历史使命的博大胸襟。

科学发展观的一个意义重大而深远的创新和突破，是在社会主义市场经济和法治国家的基本框架下，合乎逻辑地提出国家尊重和保护人权、保护合法的私人产权和继承权并写入宪法，并在此基础上出台了标志着建设社会主义法治文明重大阶段性成果的物权法。马克思主义经典作家的科学社会主义理论中没有私有产权的法律性概念。而在现代社会主义市场经济和法治国家的基本架构中，市场逻辑与财产权逻辑必然产生、形成不可分割的内在关联，因此如何在社会主义理论、实践和制度框架中系统地表达财产权这一重大问题，就成为社会主义国家确立市场经济，利用资本建设、巩固和发展社会主义的根本途径之一。[①]以胡锦涛为主要代表的中国共产党人进行了社会主义的理论创新和制度创新，为在中国大地确立社会主义市场经济的财产权表述体系，提供了新的政治空间和法律空间，从而开辟了一个既利用资本又限制资本的、创造社会财富的生机勃勃的社会空间和实践空间。

以胡锦涛为主要代表的中国共产党人关于财产权问题的修宪，成为当代中国政治—法治文明发展进程中的一个里程碑式的历史性事件。物权法开启了中国民法典的伟大序篇，意义深远而重大。它使中国三十多年改革开放的成果以法律普遍性的形式加以确认，为确立资本、市场与财产权的深刻逻辑关联开辟了现代法律通道，为确立系统化的所有权表达制度作出了关键性突破。胡锦涛要求中国共产党人和全体国民"牢固树立依

[①] [秘鲁]赫尔南多·德·索托：《资本的秘密》，华夏出版社2007年版，第5—6页。

法平等保护和正确行使财产权利的物权观念"①，是中国共产党人审时度势推进法治文明的庄严宣示。中国的修宪物权法的诞生，标志着中国共产党人既坚定不移地坚持科学社会主义的基本原则，又与时俱进地基于中国特色社会主义市场经济和法治国家的实践逻辑进行了重大创新。这是马克思主义基本理论与中国改革开放具体实践的具体的历史的统一所取得的又一重大成果，也是中国人民在社会主义市场经济和法治原则所提供的开放性空间中，财产权意识空前觉醒的一个时代标志。②

科学发展观是当代中国共产党人基于马克思主义的基本原理，针对中国改革开放进入新阶段，面对新问题新挑战而提出的重大战略思想。科学发展观进一步指明了新世纪新阶段中国现代化建设的发展道路、发展模式和发展战略，进一步明确了中国要发展、为什么发展和怎样发展的时代主题。科学发展观根据马克思主义哲学世界观方法论的基本原理，总结了国内外发展问题上的经验教训，吸收了人类文明进步的新成果，针对当代中

---

① 胡锦涛：《在中共中央政治局第四十次集体学习会议上的讲话》，新华网2007年3月24日电。
② 刘敬东：《在历史与伦理之间——现代性问题的一个考察》，《中国人民大学学报》2008年第6期，同时参见《马克思世界历史理论：中国个案》，光明日报出版社2010年版，"余论"部分。

国发展的本质、目的、内涵和要求提出了一系列基本原则，对当代中国的发展道路、发展模式和发展战略作出了具有根本性、全局性的回答。科学发展观是对我国改革开放和现代化建设实践之正反两个方面经验的深刻总结，是以宽广的世界眼光和深刻的战略思维观察当代世界和当代中国发展问题的必然产物，是以马克思主义的唯物史观把握人类社会发展规律、把握中国社会主义发展规律、把握中国共产党执政规律的生动体现，是我们党对社会主义现代化建设指导思想的新发展，是加强党的执政能力建设、提高党的领导水平和执政水平的迫切需要。

提出构建社会主义和谐社会的重大战略任务，深刻反映了建设富强、民主、文明、和谐的社会主义现代化强国的内在要求，体现了全党全国各族人民的共同愿望。构建社会主义和谐社会的理论与实践，标志着中国特色社会主义事业的总体布局由社会主义经济建设、政治建设、文化建设三位一体，发展为社会主义经济建设、政治建设、文化建设、社会建设四位一体，是中国共产党人执政理念和执政实践的又一次与时俱进和重大跃迁。

中国共产党十九届六中全会的决议指出："党的十六大以后，以胡锦涛同志为主要代表的中国共产党人，团结带领全党全国各族人民，在全面建设小康社会进程中推进实践创新、理论创新、制度创新，深刻认识和回答了新形势下实现什么样的发展、怎样发展等重大问题，形成了科学发展观，抓住重要战略机遇期，聚精会神搞建设，一心一意谋发展，强调坚持以人为本、全面协调可持续发展，着力保障和改善民生，促进社会公平正义，推进党的执政能力建设和先进性建设，成功在新形势下坚持和发展了中国特色社会主义。"①

---

① 中国共产党十九届六中全会:《中共中央关于党的百年奋斗重大成就和历史经验的决议》。

六、《实践论》《矛盾论》与习近平新时代中国特色社会主义思想的创立

以习近平同志为主要代表的中国共产党人，创造性地运用毛泽东确立的实事求是的思想路线，从理论与实践、普遍性与特殊性相统一的世界观方法论出发，坚持把马克思主义基本原理同中国具体实践相结合，深刻总结并充分运用党成立以来的历史经验以及世界社会主义运动的历史经验，创立了习近平新时代中国特色社会主义思想这一当代中国的马克思主义。

1. 习近平是创造性运用《实践论》《矛盾论》世界观和方法论的光辉典范

习近平一贯重视马克思主义世界观和方法论对中国共产党人观察、认识和处理中国问题和世界问题的重大意义，一再谆谆告诫党的各级领导干部要学习、理解和运用马克思主义哲学的立场、观点和方法观察、认识和处理实际工作中的各种问题，反复强调辩证唯物主义和历史唯物主义是中国共产党人的世界观和方法论，我们

第一章 引 论

党要团结带领人民协调推进全面建成小康社会、全面深化改革、全面依法治国、全面从严治党,实现"两个一百年"奋斗目标、实现中华民族伟大复兴的中国梦,必须自觉坚持和运用辩证唯物主义和历史唯物主义的世界观和方法论,增强辩证思维、战略思维能力,努力提高解决我国改革发展基本问题的本领和能力。

习近平始终坚持和强调理论与实践的统一这一马克思主义世界观方法论的基本原则,要求我们学习和掌握认识和实践辩证关系的观点,不断推进实践基础上的理论创新。习近平强调,时代是思想之母,实践是理论之源。我们要在迅速变化的时代中赢得主动,要在新的伟大斗争中赢得胜利,就要在坚持马克思主义基本原理的基础上,以更宽广的视野、更长远的眼光来思考和把握国家未来发展面临的一系列重大战略问题,在理论上不断拓展新视野、作出新概括。要求我们根据时代变化和实践发展,实现理论创新和实践创新的良性互动,在这种统一和互动中发展21世纪中国的马克思主义。

习近平要求我们坚持从客观实际出发制定政策、推动工作,一再强调当代中国最大的实际,就是我国仍处于并将长期处于社会主义初级阶段,这是我们认识当下、规划未来、制定政策、推进事业的客观基础。习近平立足我国发展的阶段性特征,着眼于解决发展中的深层次问题和改革中的重点难点问题，提出了一系列具有战略性、前瞻性的新理念、新思想和新举措。针对当前我国发展不平衡、不协调、不可持续问题依然突出，强调要坚持主题主线，切实把推动发展的立足点转到提高质量和效益上来；针对改革进入攻坚期和深水区面临的新形势，强调坚持改革的正确方向，处理好解放思想和实事求是、整体推进和重点突破、全局和局部、顶层设计和摸着石头过河、改革发展稳定等一系列关乎中国社会健康发展的重大关系。习近平的这一系列论述深刻体现了关于理论与实践的具体的历史的统一的基本原则，关于事物矛盾法则的基本要求，对我们党指导当前和今后很长一段时间的工作提供了世界观方法论的指南。

习近平强调必须坚持实践是检验真理的唯一标准，强调我们的各项工作都要经得起实践、人民、历史的检验，党的各级领导干部要创造出经得起实践、人民、历史检验的政绩和业绩。他反复强调空谈误国、实干兴邦；要发扬钉钉子精神，树立正确的政绩观，树立功成不必在我的执政理念，多做打基础、利长远的事，一张好的蓝图干到底。习近平鲜明地提出了检验工作成败得失的实践标准、人民标准和历史标准的内在贯通，深刻体现了科学的唯物论、能动的认识论、唯物的辩证法和历史的唯物论有机统一，对我们顺利推进中国特色社会

第一章 引　论

主义事业具有重要的世界观和方法论的指导意义。

习近平反复要求我们党的各级干部领导要学习和掌握事物矛盾运动的基本法则，强调增强问题意识、坚持问题导向，承认矛盾的普遍性和客观性，善于把认识和化解矛盾作为打开工作局面的突破口；强调我们党领导人民进行革命、建设和改革，从来都是为了解决中国的现实问题。强调对待矛盾的正确态度，应该是直面矛盾，并运用矛盾相辅相成的特性，在解决矛盾的过程中推动事物发展；谆谆告诫我们要坚持用联系的发展的眼光看问题，自觉增强战略性、系统性思维，努力分清本质和现象、主流和支流，不仅要看到存在问题，也要看到发展趋势，既要看到局部又要看到全局，提出的观点、作出的结论要客观准确、经得起检验。各级领导干部面对经济社会发展的复杂形势和繁重任务，既要有全局观，对各种矛盾做到心中有数，同时又要优先解决主要矛盾和矛盾的主要方面，以此带动其他矛盾的解决。强调协调推进全面建成小康社会、全面深化改革、全面依法治国、全面从严治党，是当前党和国家事业发展中必须解决好的四梁八柱的重要组成部分。习近平反复强调既要注重总体谋划，又要注重牵住"牛鼻子"，即强调两点论与重点论的有机统一在党的各项工作中的方法论意义。

习近平在第十八届中央纪委第五次全体会议上的讲话中指出:"党的十八届三中全会作出全面深化改革重大部署,党的十八届四中全会对全面推进依法治国作出战略部署。三中全会决定和四中全会的决定是姊妹篇,体现了'破'和'立'的辩证统一。"党的十八大以来,习近平一再强调指出,协调推进全面建成小康社会、全面深化改革、全面依法治国、全面从严治党的战略布局一直是全党工作的重中之重,这"四个全面"是当前党和国家事业发展中必须解决好的主要矛盾。习近平在俄罗斯索契接受俄罗斯电视台专访时指出:在中国当领导人,必须在把情况搞清楚的基础上,统筹兼顾、综合平衡,突出重点、带动全局,有的时候要抓大放小、以大兼小,有的时候又要以小带大、小中见大,形象地说,就是要十个指头弹钢琴。习近平反复要求要学习和掌握唯物辩证法的根本方法,用联系的观点和发展的观点认识问题、解决问题。在纪念邓小平同志诞辰一百一十周年座谈会上的讲话中,习近平指出:"战略问题是一个政党、一个国家的根本性问题。我们要学习邓小平同志放眼世界,放眼未来,也放眼当前,放眼一切方面的世界眼光和战略思维,学习他善于抓住关键、纲举目张的思想方法和工作方法,站在时代前沿观察思考问题,把党和人民事业放到历史长河和全球视野中来谋划,以小见大、见微知著,在解决突出问题中实现战略突破,在把握战略全局中推进各项工作。"习近平强调指出,不谋全局者不足以谋一域。要求我们以全局的视野、长远的眼光看问题,不断增强辩证思维能力,提高驾驭复杂局面、处理复杂问题的本领。面对我国社会各种利益关系十分复杂的局面,要特别善于处理局部和全局、当前和长远、重点和非重点的关系,在权衡利弊中趋利避害、作出最有利的战略抉择。强调在全面深化改革的过程中突出改革的系统性、整体性、协同性,使改革成果更多更公平地惠及全体人民;要加强调查研究,坚持发展地而不是静止地、全面地而不是片面地、系统地而不是零散地、普遍联系地而不是静止孤立地观察事物,准确把握客观实际,真正掌握规律,妥善处理各种重大关系。习近平新时代的治国方略,充分体现了唯物论、辩证法、认识论和历史观的高度统一。

在党的十九届六中全会上,习近平强调指出:"总结党的百年奋斗重大成就和历史经验,要坚持辩证唯物主义和历史唯物主义的方法论,用具体历史的、客观全面的、联系发展的观点来看待党的历史。要坚持正确党史观、树立大历史观,准确把握党的历史发展的主题主线、主流本质,正确对待党在前进道路上经历的失误和曲折,从成功中吸取经验,从失误中吸取教训,不断开辟走向胜利的道路。要旗帜鲜明反对历史虚无主义，加强思想引导和理论辨析，澄清对党史上一些重大历史问题的模糊认识和片面理解，更好正本清源。"①

2. 四梁八柱的改革逻辑：运用实践哲学和矛盾法则治国理政的卓越典范

习近平新时代中国特色社会主义思想，是创造性地运用毛泽东思想的世界观方法论治国理政的光辉典范。习近平创造性地运用毛泽东实事求是的思想路线，坚持关于知与行、理论与实践的具体的历史的统一这一基本原则，坚持普遍性与特殊性、共性与个性的辩证的有机的统一这一矛盾问题的精髓，把毛泽东关于主要矛盾和次要矛盾、矛盾的主要方面与次要方面、矛盾的同一性与斗争性等一系列的辩证关系运用于中国特色社会主义的伟大实践，提出了一系列治国理政必须坚持的世界观方法论原则，形成了四梁八柱的治国方略和改革逻辑。

在探索和推进中国特色社会主义伟大事业的进程中，既高度自觉地坚持马克思主义的基本原理和基本原

---

① 习近平：《关于〈中共中央关于党的百年奋斗重大成就和历史经验的决议〉的说明》。

则，又与时俱进地进行了一系列重大理论创新，既立足中国大地和文化传统，又以高远的战略眼光、巨大的理论勇气和深刻的实践智慧，在治党治国治军、内政外交国防等各个领域，提出了一系列重大的战略主张、战略部署和重大举措，在推进中国特色社会主义事业的伟大进程中迈出了新的坚实步伐，解决了过去长期想解决而没能解决的难题，办成了过去长期想办而没能办成的大事，取得了一系列历史性成就，实现了一系列重大突破，中国特色社会主义进入了习近平新时代。习近平新时代关于治国理政的四梁八柱的改革逻辑，首先是围绕着什么是中国特色社会主义，怎样坚持和发展中国特色社会主义这一根本主题，擘画、设计和构建了习近平新时代中国特色社会主义的理论框架和实践框架。习近平新时代中国特色社会主义在理论上和实践上的一系列重大的历史性突破和历史性变革，都是围绕着这一根本主题来展开、进行和实现的。

在习近平新时代中国特色社会主义思想的科学体系中，强调坚持中国共产党的领导是中国革命、建设和改革取得胜利和成功的根本保证，是国家长治久安、人民幸福的根本政治保证；明确中国特色社会主义最本质的特征是中国共产党领导，中国特色社会主义制度的最大优势是中国共产党领导，党是最高政治领导力量，并由此提出了新时代党的建设的总要求，突出政治建设在党的建设中的首要地位。

突出强调中国共产党的领导是中国特色社会主义制度的最大优势这一重大政治理念，是创造性地运用毛泽东的矛盾法则于治国理政的生动体现。十八大特别是十九大以来，以习近平同志为核心的党中央采取了一系列系统集成的重大举措，使这一重大政治理念越来越落实到党和国家的制度、体制机制的设计和变革中。十九届一中全会后的第一次政治局全体会议，强调五个聚焦，其中特别强调的是聚焦到习近平总书记的核心领导地位和习近平新时代中国特色社会主义思想的指导地位上来；十九届二中全会提出修宪建议，确认中国共产党、中华人民共和国、中国人民解放军领导人"三位一体"的领导体制，是保证党和国家长治久安的重大制度安排，是我们党在长期执政实践中逐步探索出的治国理政的成功经验在宪法上的贯彻和体现；设立国家监察体制委员会，构建集中统一、权威高效的国家监察体系，实现对所有行使公权力和公职人员监察的全覆盖，把权力关进制度的笼子里，是建立中国特色监察体系的创制之举；十九届三中全会关于深化党和国家机构改革的决定，强调坚持党的全面领导的制度，确保党的领导全覆盖和集中统一领导，确保党的领导更加坚强有力；统筹

第一章 引论

党政军群机构改革，构建系统完备、科学规范、运行高效的党和国家机构的职能体系，形成总揽全局、协调各方的党的领导体系，职责明确、依法行政的政府治理体系，中国特色、世界一流的武装力量体系，联系广泛、服务群众的群团工作体系；十九届四中全会关于坚持和完善中国特色社会主义制度、推进国家治理体系和治理能力现代化若干重大问题的决定；十九届六中全会关于中国共产党百年奋斗重大成就和历史经验的决议关于"两个确立"的决定性意义；等等；都深刻地体现了中国共产党的领导是中国特色社会主义的最大优势这一重大执政理念。突出强调中国共产党的领导是系统集成的关键，深刻诠释了毛泽东关于主要矛盾和矛盾的主要方面原理这一实践智慧在治国理政上的无穷威力。习近平治国创造性地运用矛盾法则所提出的理政的四梁八柱的核心问题之一，是中国共产党人必须牢记执政为民的根本宗旨，始终坚持以人民为中心的发展思想，始终将人民对美好生活的向往作为中国共产党的奋斗目标，强调"人民对美好生活的向往，就是我们的奋斗目标。我们的人民热爱生活，期盼有更好的教育、更稳定的工作、更满意的收入、更可靠的社会保障、更高水平的医疗卫生服务、更舒适的居住条件、更优美的环境，期盼着孩子们能成长得更好、工作得更好、生活得更好"①。强调"中国共产党人的初心和使命，就是为中国人民谋幸福，为中华民族谋复兴。这个初心和使命是激励中国共产党人不断前进的根本动力。全党同志一定要永远与人民同呼吸、共命运、心连心，永远把人民对美好生活的向往作为奋斗目标，以永不懈怠的精神状态和一往无前的奋斗姿态，继续朝着实现中华民族伟大复兴的宏伟目标奋勇前进"②。明确新时代我国社会主要矛盾是人民日益增长的美好生活需要和不平衡不充分的发展之间的矛盾，必须坚持以人民为中心的发展思想，不断促进人的全面发展、全体人民共同富裕。1956年中国共产党第八次全国代表大会作出我国社会的主要矛盾是人民群众日益增长的物质文化需求与落后的社会生产力之间的矛盾的论断。2017年10月，以习近平为核心的党中央根据改革开放四十年来中国已经发生的巨大变革，在党的十九大报告中庄严宣告，中国特色社会主义进入新时代，我国社会主要矛盾已经转化为人民日益增长的美好生活需要和不平衡不充分的发展之间的矛盾。同时报告又清醒地指出，我国社会生产力水平总体上显著提高，社会生产

---

① 习近平在十八届中共中央政治局常委同中外记者见面会上的讲话。
② 习近平在中国共产党第十九次全国代表大会上的报告：《决胜全面建成小康社会夺取新时代中国特色社会主义伟大胜利》。

力在很多方面进入世界前列,突出的问题是发展不平衡不充分,这已经成为满足人民日益增长的美好生活需要的主要制约因素。我们必须认识到,我国社会主要矛盾的变化,没有改变我们对我国社会主义所处历史阶段的判断,我国仍处于并将长期处于社会主义初级阶段的基本国情没有变,我国是世界最大发展中国家的国际地位没有变。新时代对我国社会主要矛盾的这个重大判断,既实事求是,又与时俱进,体现了辩证唯物论与历史唯物论的高度统一,是以习近平同志为核心的党中央创造性地运用毛泽东主要矛盾原理观察和解决中国问题的光辉典范。

在习近平新时代治国理政的四梁八柱的改革逻辑中,关于中国共产党的执政宗旨在新时代的庄严承诺,关于中国共产党人不忘初心、牢记使命的严肃申明和深刻论证,是习近平以巨大的政治勇气和战略气魄开启全面从严治党、大刀阔斧地进行反腐败这一伟大的彻底的自我革命的历史起点和理论逻辑,也是习近平创造性地运用毛泽东的矛盾法则进行治国理政的关键问题和战略举措。"四个全面"的战略思维和战略布局是四梁八柱的重要组成部分。习近平以宏观的总体视野,立足世情、国情和党情,针对中国改革开放进入新阶段的新问题和新特点,提出全面建成小康社会、全面深化改革、全面依法治国、全面从严治党的"四个全面"的战略布局，作为一个统一整体协调推进中国的改革开放大业。而如何做到协调推进，这里就有一个世界观和方法论问题。

习近平指出，在"四个全面"的战略布局中，既有目标又有举措，既有全局又有重点。四者不是简单并列关系，而是有机联系、相互贯通的顶层设计。习近平对辩证唯物主义方法论的这一阐述，是对"四个全面"战略布局哲学基础的深刻揭示。我国是一个正在迅速崛起的发展中的大国，不仅地域辽阔，人口众多，而且各方面各领域的情况差异巨大，需要处理和解决的矛盾和问题复杂众多，因此绝不能眉毛胡子一把抓，必须坚持两点论和重点论的统一，通过着力解决主要矛盾和矛盾的主要方面，带动次要矛盾和矛盾的次要方面的解决；既要有全局观念和整体眼光，又要优先解决主要矛盾和矛盾的主要方面，以此带动其他矛盾的解决。因此既要讲两点论，又要讲重点论，坚持两点论和重点论的统一，才能协调推进"四个全面"的战略目标。

习近平从两点论与重点论的辩证关系出发，反复强调既要注重总体谋划，又要注重牵住"牛鼻子"，强调协调推进"四个全面"的战略布局是全党工作的重中之重，这"四个全面"是当前党和国家事业发展中必须解决好的主要矛盾。"四个全面"的提出更加完整地展现出以习近平同志为核心的党中央治国理政的总体框架、关键环节、重点领域和内在逻辑。特别是全面从严治党，聚焦反腐败与党的建设，成为习近平新时代治国理政的战略重点和关键举措。强调治国必先治党，治党务必从严，把权力关进制度的笼子里，开启了全面从严治党的新常态，反腐败斗争的压倒性态势已经形成并巩固发展，消除了党和国家政治生活中存在的严重隐患。

"五位一体"总体布局是习近平新时代治国理政的四梁八柱改革逻辑的重要组成部分。党的十八大站在历史和全局的战略高度，对推进新时代"五位一体"总体布局做了全面部署。从经济建设、政治建设、文化建设、社会建设、生态文明建设五个方面，系统制定了新时代统筹推进"五位一体"总体布局的战略目标。在经济建设方面，贯彻"新发展理念"，建设现代化经济体系，建设创新型国家；实施乡村振兴战略，加快完善社会主义市场经济体制。在政治建设方面，坚持党的领导、人民当家作主、依法治国有机统一；健全人民当家作主制度体系，发展社会主义民主政治。在文化建设方面，坚定文化自信，推动社会主义文化繁荣兴盛；牢牢掌握意识形态工作领导权；培育和践行社会主义核心价值观。在社会建设方面，提高保障和改善民生水平，加强和创新社会治理。在生态文明建设方面,加快生态文明体制改革,建设美丽中国。

习近平从主要矛盾与次要矛盾、矛盾的主要方面和次要方面的辩证关系出发,创造性地提出在台湾问题上,中国共产党始终的立场是以大陆一方为主,坚持一个中国原则和九二共识,坚决反对"台独"分裂行径,坚决反对外部势力干涉,牢牢把握两岸关系主导权和主动权。两岸关系主导权和主动权的重大战略思想的提出,是运用毛泽东的两点论与重点论的辩证统一的矛盾法则,创造性地推进和解决祖国统一这一事关中华民族复兴的重大问题的一个光辉范例。

习近平既立足中国大地和中国国情,又胸怀世界放眼全球,既全面把握世界经济政治总体格局,又善于分析世界矛盾体系中的主要矛盾和矛盾的主要方面,深刻把握世界历史潮流和人类文明进步事业,高瞻远瞩地提出了构建人类命运共同体的重大外交思想和"一带一路"的重要倡议,对推进、实现和完成中国共产党人关于两个百年的奋斗目标,实现中华民族伟大复兴的中国梦,对推进世界和平与发展、对人类文明进步事业,都具有极其重大而深远的历史性意义,展示了博大精深的中国智慧,提出了高度自信的中国方案,采取了强大有力的中国行动,彰显了气势磅礴的中国力量。

3.《实践论》《矛盾论》与习近平新时代中国特色社会主义思想

毛泽东的《实践论》《矛盾论》是马克思主义哲学中国化的经典范例,是中国共产党进行革命、建设和改革的科学世界观方法论的重要组成部分。《实践论》《矛盾论》的哲学创制,体现了唯物论、辩证法、认识论与历史观的有机统一,展示了中国共产党与百年中国之所以波澜壮阔灿烂辉煌的理论逻辑,蕴含着中华民族之所以能够实现从站起来到富起来再到强起来的伟大历史飞跃的哲学秘密。

中国共产党十九届六中全会的决议在高度肯定和评价改革开放以来党和国家事业取得重大成就的同时,也清醒地指出了外部环境变化带来的许多新的风险和挑战,以及一系列改革发展稳定面临的长期没有解决的深层次矛盾和问题,特别是管党治党一度宽松软带来的党内消极腐败现象普遍蔓延,政治生态出现严重问题,党群干群关系受到损害等党在治国理政问题上面临的一系列重大考验。这是习近平新时代中国特色社会主义思想产生和发展的时代背景。

面对上述改革开放以来我们党面临的一系列内部和外部的风险挑战、深层矛盾、严重问题和重大隐患,

"以习近平同志为核心的党中央,以伟大的历史主动精神、巨大的政治勇气、强烈的责任担当,统筹国内国际两个大局,贯彻党的基本理论、基本路线、基本方略,统揽伟大斗争、伟大工程、伟大事业、伟大梦想,坚持稳中求进工作总基调,出台一系列重大方针政策,推出一系列重大举措,推进一系列重大工作,战胜一系列重大风险挑战,解决了许多长期想解决而没有解决的难题,办成了许多过去想办而没有办成的大事,推动党和国家事业取得历史性成就、发生历史性变革"[1]。党的十九届六中全会《决议》中的这段文字,精辟而鲜明地阐明了习近平新时代之所以形成的时代背景和内在秘密。

充分体现了以习近平同志为核心的党中央治国理政、推进改革开放的高瞻远瞩的战略设计,充分体现了以习近平同志为主要代表的中国共产党人创造性地运用马克思主义世界观方法论、特别是运用《实践论》《矛盾论》的世界观方法论开创中国特色社会主义新时代的哲学智慧和实践智慧。习近平新时代中国特色社会主义思想开辟了中国特色社会主义新境界,实现了马克思主义中国化的历史性新飞跃。

---

[1] 中国共产党十九届六中全会:《中共中央关于党的百年奋斗重大成就和历史经验的决议》。

第一章 引　论

习近平新时代中国特色社会主义思想从辩证唯物主义和历史唯物主义的世界观方法论出发，特别是从毛泽东理论与实践、普遍性与特殊性之辩证统一的科学的唯物论、能动的认识论、唯物的辩证法和历史的唯物论的有机统一出发，以马克思主义战略家思想家的远见卓识，以将改革进行到底的巨大的政治勇气和实践智慧，在理论和实践两个方面实现了重大突破，形成了以四梁八柱的矛盾法则为世界观方法论基础的治国理政的基本方略。在理论上，习近平提出了一系列重大主张，形成了包括"一条主线""一个梦想""四个全面""五位一体""新发展理念""人类命运共同体""一带一路"等内涵丰富、结构完整的思想体系。在实践上，以习近平同志为核心的党中央作出了一系列重大决断、采取了一系列重大措施，多点发力、重点突破、纵深推进，在内政和外交两大领域都取得了举世瞩目的重大成就。习近平新时代中国特色社会主义思想，涵盖党的建设、经济建设、深化改革、政治建设、法治建设、文化建设、社会建设、生态文明建设、国防和军队建设、国家安全建设、"一国两制"和祖国统一、外交工作等关键领域，体现在改革发展稳定、内政外交国防、治党治国治军等各个方面，是一个博大精深、内涵丰富、结构完整的思想体系。

中国共产党十九届六中全会的重大意义，在于它高度评价了习近平在理论和实践上的一系列重大贡献，高度概括了习近平新时代中国特色社会主义思想的主要内容、深刻主题和基本特征，特别强调了"两个确立"的决定性意义："习近平同志对关系新时代党和国家事业发展的一系列重大理论和实践问题进行了深邃思考和科学判断，就新时代坚持和发展什么样的中国特色社会主义、怎样坚持和发展中国特色社会主义，建设什么样的社会主义现代化强国、怎样建设社会主义现代化强国，建设什么样的长期执政的马克思主义政党、怎样建设长期执政的马克思主义政党等重大时代课题，提出一系列原创性的治国理政新理念新思想新战略，是习近平新时代中国特色社会主义思想的主要创立者。习近平新时代中国特色社会主义思想是当代中国马克思主义、二十一世纪马克思主义，是中华文化和中国精神的时代精华，实现了马克思主义中国化新的飞跃。党确立习近平同志党中央的核心、全党的核心地位，确立习近平新时代中国特色社会主义思想的指导地位，反映了全党全军全国各族人民共同心愿，对新时代党和国家事业发展、对推进中华民族伟大复兴历史进程具有决定性意义。"[1]

---

[1] 中国共产党十九届六中全会：《中共中央关于党的百年奋斗重大成就和历史经验的决议》。

第一章 引 论

中国共产党第二十次全国代表大会进一步概括和丰富了习近平新时代中国特色社会主义思想,初步构建了中国式现代化的理论体系,开辟了当代中国马克思主义理论中国化的崭新篇章,在马克思主义发展史和世界社会主义发展史上具有重要地位。特别是中国式现代化理论体系的初步构建,深刻地体现了毛泽东关于矛盾的普遍性与特殊性相统一的世界观方法论的基本原则,在中国特色社会主义和中华民族伟大复兴的历史进程中具有重大而深远的历史意义。习近平新时代中国特色社会主义思想无论在理论还是在实践上,无论在中国还是在世界上,都产生了深远而重大的影响,充分显示了运用马克思主义世界观方法论认识和解决中国和世界问题的巨大威力。

党的十九届六中全会和党的二十大报告提出了"两个结合"的重大论断,这是马克思主义中国化历程中具有重大和深远意义的历史性事件。习近平强调指出,中国共产党人深刻认识到,只有把马克思主义基本原理同中国具体实际相结合、同中华优秀传统文化相结合,坚持运用辩证唯物主义和历史唯物主义,才能正确回答时代和实践提出的重大问题,才能始终保持马克思主义的蓬勃生机和旺盛活力。马克思主义中国化时代化这个重大命题本身就决定,我们决不能抛弃马克思主义这个魂脉，决不能抛弃中华优秀传统文化这个根脉。坚守好这个魂和根，是理论创新的基础和前提。

"两个结合"的提出是以习近平同志为核心的党中央创造性推进马克思主义中国化的一个重大成果，阐明了中国式现代化理论和实践的哲学基础。而要实现这"两个结合"，就必须始终坚持党的实事求是的思想路线，坚持理论与实践的具体的历史的统一，坚持矛盾的普遍性与特殊性的有机结合和辩证统一，这是中国共产党百年历史中马克思主义中国化之所以能够实现重大历史性飞跃的哲学秘密和实践法则。

习近平在党的二十大报告中提出的"六个坚持"，是习近平新时代中国特色社会主义思想世界观和方法论的集中体现，是对马克思主义哲学的丰富和发展。坚持人民至上，体现了我们党一贯坚持的人民历史主体地位的历史观，丰富和发展了马克思主义关于无产阶级政党与人民群众相互关系的历史唯物论；坚持自信自立，就是坚定马克思主义的信仰、中国特色社会主义的信念和中华民族伟大复兴的信心，把马克思主义基本原理与中国的具体实践和中华优秀传统文化相结合；坚持守正创新，就是处理好坚持与发展、继承与创新的辩证关系，守正就是坚持四项基本原则，创新就是顺应世界潮流和时代要求，不断在时代发展中进行理论创新和实践创新，以新的理论指导新的实践，体现了坚持和发展中国化马克思主义的基本原则；坚持问题导向，就是以唯物论、认识论、辩证法和唯物史观的基本原则，认识和解决什么是中国特色社会主义、怎样建设中国特色社会主义等一系列重大问题；坚持系统观念，就是要做到前瞻性思考、全局性谋划、战略性布局、整体性推进；坚持胸怀天下，就是把中国与世界联系在一起，就是强调中国共产党必须把握历史大势和世界潮流，推进中国革命建设和改革，促进世界的和平与发展，构建人类命运共同体。

马克思主义中国化和时代化的伟大变革，中国式现代化道路的艰苦卓绝的探索历程，是几代中国共产党人坚持马克思主义的理论与实践、普遍性与特殊性相统一的基本原则，创造性地运用马克思主义世界观方法论，把马克思主义基本原理与中国革命、建设和改革的具体实践相结合，在不断总结历史经验的基础上进行理论创新，又以理论创新引领社会变革的波澜壮阔的辩证发展历程。以马克思主义的实践哲学为深刻底蕴的理论创新是马克思主义中国化变革历程的核心原则与内在灵魂，并由此构成了中国共产党人的思想方式、生存方式和发展方式。

毛泽东《实践论》《矛盾论》中关于理论与实践之具

体的历史的统一，关于矛盾的普遍性与特殊性的相互关系之为"矛盾的问题的精髓"的世界观方法论和实践哲学，为我们探讨、研究和总结当代中国共产党人的重大理论创新与实践创新的历史经验，全面阐发中国特色社会主义理论与实践的历史方位、实践基础、理论主题、时代意义，深入揭示邓小平理论、"三个代表"重要思想、科学发展观、习近平新时代中国特色社会主义思想与马克思列宁主义、毛泽东思想如何既一脉相承又与时俱进的理论逻辑、实践逻辑和历史逻辑，从而阐明中国特色社会主义理论的历次重大创新所以可能的深层的哲学逻辑和理论秘密，并由此揭示中国特色社会主义理论体系的形成、深化和发展在中华民族伟大复兴进程中所具有的重大而深远意义，提供了一个具有强大生命力的经典哲学范式和解释框架。

七、《实践论》《矛盾论》的世界影响

《实践论》《矛盾论》作为毛泽东哲学思想的光辉篇章，作为时代精神的精华，具有巨大的思想威力和实践威力。《实践论》《矛盾论》的哲学智慧和实践智慧不仅塑造了中国历史，深刻改变了中国人民的历史命运，而且也塑造了世界历史，深刻影响了世界各国特别是全世界一切被剥削被压迫人民的历史命运，壮大了世界社会主义的阵营，开启了世界社会主义事业的新篇章。

《实践论》《矛盾论》熠熠闪耀的智慧之光不仅始终照耀着中国的革命、建设和改革之路，在中华大地上得到了广泛而持续的传播，而且还引起世界范围的广泛关注，对苏联、日本、欧美等发达国家以及广大的发展中国家都产生了重要而广泛的影响。

1.《实践论》《矛盾论》的海外传播概况

《实践论》《矛盾论》作为毛泽东的哲学代表作，继承和发展了马克思列宁主义哲学，为人们认识世界和改造世界提供了科学的世界观和方法论。《实践论》《矛盾

论》的哲学智慧超越了国界、文化传统和意识形态的限制，在世界各国翻译出版并得到广泛传播。

毛泽东1949年底至1950年初访问苏联期间，斯大林曾建议毛泽东把自己的论文编辑出版为选集，同时出版俄文版。斯大林认为毛泽东的文章中有很深的哲学含义，并特地嘱咐尤金先将《实践论》《矛盾论》在苏共中央理论刊物《布尔什维克》上发表。《实践论》于1950年12月先被译成俄文，受到苏联读者的热烈欢迎。而我们在新中国成立后的这段时间内还尚未公开发表《实践论》。《矛盾论》也在1952年的《布尔什维克》第9、10期连载。

在日本，《实践论》《矛盾论》等毛泽东著作的翻译、出版、传播和研究在几十年中都在持续进行。自20世纪50年代初，《实践论》《矛盾论》开始引起思想界、学术界和出版界的广泛关注和重视。1951年4月，日共理论刊物《前卫》全文发表了《实践论》；1952年8月，《前卫》又全文发表了《矛盾论》。日本由此掀起了出版、讨论、研究和学习"两论"的热潮。各出版社积极出版"两论"单行本，印数达30万册。据不完全统计，1952年，国民文库社出版了尾崎庄太郎编译的《实践论矛盾论》；1954年，青木出版社发行了毛泽东选集刊行会译的《实践论矛盾论》；1957年，岩波出版社印

第一章 引 论

发了松村一人、竹内实译的《实践论矛盾论》；1961年，河出书房出版了山口一郎、浅川谦次、尾崎庄太郎译的《孙文毛泽东（三民主义、实践论、矛盾论，新民主主义论）》；1963年，大月书店出版发行了毛主席选集刊行会译的《实践论矛盾论》，同年，青木出版社再次出版发行了毛主席选集刊行会译的《实践论矛盾论》(第3版)；1965年，角川书店出版了安藤彦太郎译的《实践论矛盾论》和《实践论、矛盾论等二篇——毛泽东哲学论文选》；1967年，河出书房出版了浅川谦次、尾崎庄太郎译的《实践论矛盾论论人民民主专政》；1972年，讲谈社出版了中岛岭雄译的《实践论矛盾论》；等等。伴随着"两论"在日本多家出版社的出版和传播，其影响力也日趋扩大，并逐渐从知识界扩展到普通群众。日本哲学家松村一人曾高度赞扬"两论"的重大贡献，认为它们把辩证唯物主义推向一个新的阶段，是争取自身解放的世界各国人民的伟大的思想武器。《赤旗报》曾发文称："《毛泽东选集》给予日本进步的工人、农民和学生的影响之大，是不可估量的。"[①] 在纪念毛泽东逝世10周年时，日本工人党机关报《人民新报》专门发表文

---

① [日] 浅川谦次：《学习思想方法最可靠的译本》，《赤旗报》1962年7月22日。

章，号召党员、特别是年轻同志，结合实践经验，认真学习"两论"。可以说，"两论"在日本的传播不仅有速度，而且有广度和深度，对日本不少民众的学习和生活产生了广泛而深刻的影响。

在欧美发达国家和地区，《实践论》《矛盾论》也引起广泛重视，产生了重要影响。以《实践论》为例，据不完全统计，早在1937年巴黎就出版了法文版的《实践论》；1951年，英国伦敦出版了《实践论》英文版单行本；同年，美国共产党理论月刊《政治问题》刊登了《实践论》的英文译文；1953年，美国出版了《实践论》英文版单行本。此外，德意志民主共和国所属的迪茨出版社分别于1952年、1956年、1958年、1959年四次出版《实践论》德文版；卡利玛出版社出版了葡萄牙文版；捷克斯洛伐克分别出版了捷克文和斯洛伐克文版；丹麦、匈牙利、意大利、瑞士、瑞典等国家出版了外文单行本。法国学者米歇尔·卢瓦不仅明确指出，《实践论》《矛盾论》是为反对中国党内的教条主义倾向所写的，而且高度评价"两论"在发展马克思和列宁的哲学思想上的独特贡献。美国学者霍勒布尼奇认为，《实践论》《矛盾论》"不论是从文体还是从哲学的哲学内容方面，同马克思和恩格斯的大多数同样的著作相比，都不

第一章　引　论

见逊色"①。德国共产主义工人联盟声明中指出："毛泽东一直是我们的伟大导师，他的《实践论》和《矛盾论》等著作，在革命的德国共产党内成为教科书，这些著作是我们进行党的建设的指导性著作的一部分。"②

在广大的第三世界各国，《实践论》《矛盾论》也由于争取国家独立的民族民主革命斗争的需要，而得到了广泛传播，产生了特别重大的影响。伴随着民族民主革命运动的发展，多个国家和地区或通过报纸杂志刊登，或出版单行本，"两论"几乎传遍了亚非拉各个国家和地区。在亚洲，据1955年7月1日《人民日报》的报道，越南民主共和国主席胡志明曾亲自把"两论"译成越南文字出版。在非洲，埃塞俄比亚于1976年在报纸和杂志上刊登《实践论》的阿姆哈拉语译文，在亚的斯亚贝巴出版了阿姆哈拉语单行本。非洲多个国家和民族的人民从"两论"中获得了反抗殖民主义的理论指南和实践勇气。西南非洲民族联盟泛非和外交事务书记韦尔纳·马穆格韦说："学习了毛主席的著作《实践论》和《矛盾论》，我们就能够清楚地了解被压迫者和压迫

---

① 许全兴：《为毛泽东辩护》，当代中国出版社1966年版，第402页。
② 新华通讯社编译：《举世悼念毛泽东主席》，人民出版社1978年版，第101页。

者之间的矛盾。"① 在拉美，1963年古巴出版发行了《实践论》单行本，印数达50000册。仍以《实践论》为例，在亚非拉广大的第三世界国家，除越南、埃塞俄比亚、古巴等国，印度、印度尼西亚、缅甸、朝鲜、巴基斯坦等国也分别出版了各自国家文字的《实践论》单行本；智利、哥伦比亚分别出版了《实践论》的西班牙文单行本。

《矛盾论》和《实践论》在世界各国的出版情况并不是同步进行的。与《矛盾论》相比，《实践论》外文单行本出版情况更为丰富多彩。据不完全统计，《实践论》外文版达100多种。目前已知的曾经出版过《实践论》外文版单行本的有：日本、越南、印度、缅甸、印度尼西亚、巴基斯坦、泰国、锡兰、朝鲜、叙利亚、黎巴嫩、以色列、英国、法国、民主德国、意大利、瑞典、丹麦、苏联以及其部分加盟共和国、伊朗、罗马尼亚、捷克斯洛伐克、匈牙利、波兰、保加利亚、阿尔巴尼亚、美国、古巴、智利、哥伦比亚、埃塞俄比亚、蒙古、塞浦路斯等40多个国家和地区。②

---

① "桑给巴尔青年领袖热情表示珍视毛主席的教导，认为毛主席著作对所有被压迫人民是巨大的帮助。西南非洲朋友说毛主席著作是非洲人民获得无穷勇气的源泉。"见《人民日报》1966年7月9日。
② 龚格格：《〈实践论〉的版本演变及国际传播》，《高校马克思主义理论研究》2020年第4期，第22页。

2.《实践论》《矛盾论》海外学界传播的过程和特点

国外学者对毛泽东的《实践论》《矛盾论》进行了比较广泛而深入的研究。这些研究大致可划分为三个阶段：第一阶段，20世纪50年代的起步阶段；第二阶段，20世纪60—70年代的高潮阶段；第三阶段，20世纪80年代以后的反思阶段。

国外学者对于《实践论》《矛盾论》的研究大都起步于20世纪50年代。苏联由于斯大林的重视和推动，研究马克思主义哲学的学者较早开始关注"两论"，并给予高度评价。在欧美，尽管以"哈弗学派"为代表比较关注"两论"，但受当时意识形态和国家关系的影响，其研究成果也相对较少。20世纪50年代对"两论"研究最深入和最有成就的海外学者当属日本学者，出现了松村一人、竹内实等一些相当有成就的学者。

20世纪60—70年代，"两论"越来越受到各国学者的重视，并引发了研究的热潮。在苏联，受中苏两国关系发生矛盾和冲突的影响，理论界曾一度掀起批判毛泽东"两论"的热潮。在日本，学者们对于"两论"的评价涵盖正负两个方面，引发学界争论，但不可否认的是，不论在深度还是在广度上，日本学者对于"两论"

的研究伴随着争论而在客观上得以继续推进。在欧美，对于毛泽东哲学的研究范围很广，逐渐形成三个派别，即"保守派""自由派"和"左派"，并掀起了两次比较大的论战。总体来说，"保守派"倾向于否认毛泽东哲学与马克思列宁主义的内在联系；"自由派"一方面指出了毛泽东哲学对马克思列宁主义的独特贡献，但另一方面则得出了毛泽东哲学是"马克思主义的异端"的错误结论；"左派"认为毛泽东哲学是马克思列宁主义和中国革命实际相结合的产物，强调毛泽东哲学与马克思列宁主义的一致性。而"两论"的研究也受到这三个派别和两次大论战的影响，在复杂的形势下继续得到发展。在第三世界各国，"两论"的传播较之前一个阶段也进入高潮阶段，其突出特点是理论界的研究带有广泛的群众性，并将理论运用到革命实践中，成为指导争取国家独立和民族解放运动的理论武器。

20 世纪 80 年代以后，国外学者对于"两论"的研究进入一个重新评价的反思阶段。我国在党的十一届三中全会后在理论和实践上的拨乱反正和对"文化大革命"的深刻反思，引起国外学界较大震动。国外许多学者对原有观点进行了反思。其中，美国学者费朗西斯·苏的《毛泽东的辩证法理论》，被称为"比较文化领域中天才的代表作"，对澄清西方对毛泽东哲学包括

"两论"的偏见和误解，对西方客观地、正确地传播和研究毛泽东哲学具有重要的理论价值和意义。①

3.《实践论》《矛盾论》海外传播的影响和意义

伴随着《实践论》《矛盾论》在海外的广泛出版、传播和研究，毛泽东哲学的影响力也逐渐扩大。"两论"的海外影响至少体现在以下三个方面。

首先，《实践论》《矛盾论》的海外传播，为海外学者的马克思主义哲学研究拓展了新的视野，打开了新的哲学思路，提供了新的理论借鉴。"两论"在传播过程中，掀起了海外学术界讨论和研究的热潮。

毛泽东的《实践论》《矛盾论》在苏联这个世界历史上第一个社会主义国家的出版发行产生了重大影响。苏联联共（布）中央机关报《真理报》于1950年12月18日发表《实践论》，并发表编辑部文章《论毛泽东的〈实践论〉》，对《实践论》的基本思想进行了系统的阐释，并给予高度评价。罗森塔尔·尤金院士认为，《实

---

① 贾明建：《国外毛泽东哲学思想研究述评》，《中共山西省委党校学报》1990年第2期，第34页。

践论》《矛盾论》"这两部著作是根据中国历史和中国人民解放战争的具体材料创造性地解决了马克思列宁主义哲学问题的卓越典范"①。但是,由于1960年代受到中苏两党和两国关系一度恶化的影响,苏联曾一度出现质疑"两论"诸多观点的情形。直到1980年代,苏联政界和理论界才开始反思过去对毛泽东哲学思想研究上的非理性倾向。

在日本,《实践论》《矛盾论》无论在学界还是民间都产生了重要影响。日本学者如松村一人根据自己的学习和理解,在《思想》杂志上连续三期发表《论毛泽东哲学的意义——以〈矛盾论〉为中心》。他明确指出:"如果不学习毛泽东的著作,我们也就不能充分理解马克思、恩格斯、列宁、斯大林的哲学。"②"《矛盾论》的最大特征,在于它彻底地打破了对辩证法的教条主义理解。"③1968年,日本学者新岛淳良在其《毛泽东辩证法的一些问题》一文中专门论述了《实践论》的理论结构问题。1979年,藏原惟人以《实践论》为研究对象,引

---

① [苏]罗森塔尔·尤金:《简明哲学辞典》,生活·读书·新知三联书店1973年版,第66页。
② 赵永茂、李峰华、卢洁:《毛泽东哲学思想研究在国外》,中共中央党校出版社1993年版,第130页。
③ 胡新民:《〈实践论〉〈矛盾论〉为何能历久弥新》,《党史博采》2017年第11期。

发了日本学者田坂静夫、大井正于 1980 年展开的反复论战。竹内实教授作为日本"毛学"权威之一，2003 年在接受采访时强调，在日本，毛泽东思想还是有它顽强的生命力的，一些日本学者不断取得研究毛泽东思想的成果。毛泽东被发现的解放前的其他许多文本，其意义不只是为《实践论》《矛盾论》这两篇论文写作时期的争论提供了新的证据，而且还涉及关于延安时期毛泽东作为马克思主义理论家的才能和历史地位的争论。竹内实用历史事实证明了毛泽东与"两论"的关系，在当时学界产生了很大影响。[①]

欧美学者对《实践论》《矛盾论》的评述和研究也很多。1956 年英国哲学家康福斯的著作《唯物主义与辩证法》出版了俄文版，在该书中他直接引用《矛盾论》达 9 处之多。法国学者米歇尔·卢瓦教授在《〈实践论〉法文版前言》中指出，《实践论》分析了"社会实践"这个概念，即社会实践是一个从行动到思想又从思想到行动，如此循环往复并螺旋式地上升的辩证发展过程。当年执教哈佛大学的基辛格，曾指定他的学生要阅读毛泽东著作。后来基辛格作为尼克松总统的国家安全事务助

---

① 胡新民：《〈实践论〉〈矛盾论〉为何能历久弥新》，《党史博采》2017 年第 11 期。

理，也影响到尼克松的阅读书目。1972年尼克松在访华途中的空军一号上，一直在阅读《实践论》《矛盾论》。他在同毛泽东会面时说："我知道主席是一位思想深刻的哲学家。""主席的著作感动了全国，改变了世界。"美国著名汉学权威费正清也认为，毛泽东在延安时花在哲学上的工夫，推动他向马克思主义的中国化方向前进了一步。这个事实不仅关系到建立一个中国的民族主义政党的问题，而且意味着马克思主义可以从根本上变得适用于中国。①

其次，广大的发展中国家更是深受《实践论》《矛盾论》的影响。长期以来，发展中国家的人民饱受西方殖民主义的侵略和压迫，渴望民族独立与解放，而"两论"的海外传播，为世界人民尤其是发展中国家的人民提供了进行民族民主革命的理论指导。发展中国家的政治家和革命领导人主动地把"两论"的哲学理论与本国实际相结合，制定革命的路线方针政策，运用于具体的革命斗争中。日本学者松村一人曾高度评价说，"两论"对争取民族解放的世界各国人民来说，是取之不尽、用之不竭的思想武器。一位桑给巴尔青年领袖在学习和研

---

① 胡新民：《〈实践论〉〈矛盾论〉为何能历久弥新》，《党史博采》2017年第11期。

第一章 引 论

究了"两论"之后,曾明确指出:"毛主席的事业和著作不仅是属于中国的,而且对所有被压迫的人民是巨大的帮助。"[1] 印度尼西亚共产党主席迪努·艾地也曾高度评价"两论",认为其对印度尼西亚共产党学习总结自己的经验和解决党内矛盾有极其重要的意义。有研究认为,秘鲁的毛主义在拉美比较典型,"光辉道路"(毛派)在秘鲁革命游击队组织实行人民战争、农村包围城市、在山区搞游击战、武装夺取政权的革命道路。而在哲学上,秘鲁毛主义认为毛泽东在辩证法上做出了伟大贡献,把矛盾法则确立为唯一的基本法则;马克思主义有过马克思和列宁两个阶段,毛主义则使这个世界无产阶级的理论获得了迄今为止的最高发展——它的最高峰。[2] 墨西哥《国民报》社论援引墨西哥总统的话说,毛泽东不仅是世界现代史的主角之一,是对改变世界生活发生作用的权力中心之一的象征,而且是最有远见的第三世界的捍卫者之一;毛泽东的思想是追求正义和非殖民化的人民的精神财富。社论强调,对墨西哥和第三世界国

---

[1] 桑给巴尔青年领袖热情表示,学习毛主席的教导,强调毛主席著作对所有被压迫人民是巨大的帮助。西南非洲朋友说,毛主席著作是非洲人民获得无穷勇气的源泉。见《人民日报》1966年7月9日。
[2] 尚庆飞:《国外毛泽东学研究》,凤凰出版传媒集团2008年版,第234—235页。

《实践论》《矛盾论》研读

家来说，20世纪最伟大的人物之一毛泽东是穷国人民的伟大朋友和全人类的导师。[①]"两论"作为中国革命的哲学逻辑和理论形态，被具有共同的经历和遭遇的第三世界人民所普遍认同和接受，为发展中国家的人民争取国家独立和民族解放，争取自由和进步，开展革命斗争提供了理论武器和实践勇气。

需要强调的是，除了对发展中国家各国争取国家独立和民族解放斗争的革命实践产生了重大影响外，《实践论》《矛盾论》在第三世界国家的学界和学者中间，也产生了广泛而重大的影响。如印度莫汉蒂写的《毛泽东的政治哲学》一书第四章专门研究了毛泽东辩证法思想，并颇具特色地把毛泽东唯物辩证法概括为四律，即"知行统一律、分析律、综合律和特殊律"。毛泽东"两论"对世界学者特别是发展中国家的影响由此可见一斑。

最后，《实践论》《矛盾论》的海外传播，增进了国际社会对中国和中国文化的认识，提升了中国的国际形象，展示了中国哲学智慧博大精深的无穷魅力。

在语言形式和风格的运用上，《实践论》《矛盾论》

---

① 许全兴、陈葆华、冯国瑞编：《国外毛泽东思想研究文选》，中国大百科全书出版社印刷（内部发行）1987年版，第107页。

体现了中国文化的气派和风格。《实践论》中"秀才不出门，全知天下事"和"你要有知识，你就得参加变革现实的实践。你要知道梨子的滋味，你就得变革梨子，亲口吃一吃"等一系列极具中国特色、中国气派的话语表达。《矛盾论》里谈孙子论军事，使用了"知彼知己，百战不殆"的话语，唐朝魏徵讲过的"兼听则明，偏信则暗"以及《水浒传》中的例子，等等。毛泽东善于从博大精深的中国文化传统出发，驾轻就熟地使用中国文化的经典话语和经典故事，体现了在继承、运用和发扬光大中国文化传统上的神来之笔。在哲学智慧的创造性运用上，《实践论》《矛盾论》体现了中国文化的辩证理念和价值。譬如，在《实践论》中，中国文化中的"知"与"行"的关系，"失败是成功之母""吃一堑长一智"等不仅体现了中国的语言风格和气派，而且蕴含着中国传统哲学既博大精深又深入浅出的辩证法智慧。因此，不论是形式上还是内容上，"两论"都推进了中国文化和中国哲学的海外传播，加深了世界对中国的了解，提升了中国的国际形象。

　　《实践论》《矛盾论》作为中国马克思主义哲学的经典著作，是毛泽东把马克思列宁主义与中国革命的具体实践相结合的光辉典范。"两论"以其理论与实践、真理性与革命性、形式与内容的有机结合和完美统一，在

20世纪50年代以来的世界历史上，在世界社会主义运动中，在全世界一切被压迫民族和被压迫人民反抗殖民主义统治、争取民族独立和人民解放的革命斗争中，在西方发达国家的无产阶级和劳动人民反抗阶级剥削和阶级压迫、追求人类正义事业的伟大斗争中，都显示了强大生命力和巨大影响力。"两论"的哲学智慧和思想魅力超越了时间和空间、民族和国家、文化和语言、政治和意识形态等的界限和屏障，成为世界哲学宝库中的珍贵财富、人类思想世界中的璀璨明珠和世界马克思主义哲学理论中充满独特魅力的哲学景观。

第二章

《实践论》解读

《实践论》中关于认识与实践的相互关系的论述，始终是从马克思列宁主义与中国革命实践的相互关系这一出发点和落脚点进行讨论、研究和展开的，中国革命的实践逻辑与毛泽东的哲学思考始终如影随形、相互交融。认识与实践、知和行的相互关系，就是马克思列宁主义的基本理论与中国革命的具体实践的相互关系，因此毛泽东关于这一相互关系的光辉思想，实际上就是给中国共产党人提供一种如何进行革命的活生生的历史的唯物论和辩证法。

从这个意义上说，毛泽东的《实践论》，既是马克思列宁主义的科学的唯物论和能动的认识论，也是马克思列宁主义的唯物的辩证法，更是创造性地把马克思列宁主义的世界观方法论运用于中国革命实践的历史的唯物论、认识论和辩证法。《实践论》是中国共产党人认识、把握和领导中国革命的活生生的唯物论、认识论、辩证法和历史观的有机统一的实践哲学。

第二章 《实践论》解读

一、《实践论》概说

毛泽东的《实践论》言简意赅却博大精深。《实践论》是"精"、是"管用"的哲学。[①] 它以知与行、理论与实践的具体的历史的统一为核心线索和基本原则,深入浅出地阐明了辩证唯物论的认识论关于实践与认识的相互关系,关于认识的辩证发展过程和认识运动的总规律,关于认识的相对性与绝对性即相对真理与绝对真理的相互关系问题,以及改造客观世界与主观世界的相互关系等一系列关系到中国共产党和中国革命生死存亡的重大哲学问题。毛泽东对中国革命的发展道路、人民解放的历史命运和社会制度的深刻变革等一系列社会历史发展的基本问题的思考,都始终贯穿在《实践论》创作和讲演的全过程中。正是从这个意义上说,《实践论》是中国共产党人集唯物论、辩证法、认识论与历史观于一身的革命的实践哲学。

---

① 邓小平在1992年春天的南方谈话中,谆谆告诫中国共产党人"学马列要精、要管用",可谓深得马克思列宁主义实践哲学的精髓,深得毛泽东实践哲学的要义,是对改革开放时代依然存在的"左"倾教条主义的一针见血、击中要害的深刻批判。

1. 关于实践和认识的来源

实践的观点是辩证唯物论的认识论的第一的和基本的观点，这是列宁在马克思恩格斯哲学的基础上提出的著名论断。毛泽东在《实践论》中以社会实践和革命实践为基础，系统而深刻地阐发了马克思主义认识论的这一哲学论断，并实现了革命的能动的认识论与社会历史观的有机统一。

什么是实践？唯心论和旧唯物论都有自己的规定性，有自己的理解和阐释。唯心论把实践规定为"内省体验""道德修养"等。旧唯物论，特别是费尔巴哈的唯物论，脱离人的社会性和历史发展，把实践理解为消极的感性直观，而不是积极的感性物质活动。毛泽东为了同唯心论和旧唯物论划清界限，把实践明确地规定为"社会实践"，规定为"变革现实"的活动，因此这里的实践就与唯心论的"内省实践"以及旧唯物论的"个人生活实践"和"理论实践"有了本质不同的规定性。毛泽东认为，社会实践范围是极其广泛的，包括生产活动、阶级斗争、政治生活、科学和艺术活动等。认识的来源在于人类的社会实践。

认识是主体与客体的统一。认识的主体是人，认识的客体是外部世界。主体和客体如何才能统一？只能通过社会实践。毛泽东指出，人类的社会实践活动是人类认识的基本来源。人的认识来源于社会实践，认识是实践的反映，离开了实践，就不可能获得真知。而既然认识是实践的反映，那么正确的认识就是正确而又全面地反映了实践活动的认识，是与客观事物及其发展规律相符合相一致的认识。这是毛泽东在《实践论》中所深入阐发并贯穿全篇的辩证唯物论认识论的一个最基本的原理。

社会实践不仅是认识论、而且是历史唯物论的基本范畴。为中国共产党领导的社会革命提供世界观方法论，是毛泽东撰写和讲演《实践论》(包括《矛盾论》)的出发点和落脚点。从这个意义上说，毛泽东的实践的能动的认识论就是中国共产党人进行革命的社会历史观。《实践论》深刻蕴含着并且体现了马克思列宁主义的唯物辩证的认识论与革命的批判的社会历史观的有机统一。

2. 关于认识的辩证发展过程

认识的过程问题，就是人们的思想如何反映外界事物及其规律的问题，也就是认识的发生发展问题。如上文所述，认识来源于社会实践，依赖于社会实践。社会实践是一个发展过程，因而认识也是一个发展过程。毛泽东在《实践论》中对人类的认识过程做了逻辑完整的论述：在实践活动的基础上，首先是人的感性认识阶段，然后上升到理性认识阶段，最后再把理性认识运用到实践中去指导实践，并在实践中得到检验和发展。人类这一认识过程的反复进行和前进发展，即"实践、认识、再实践、再认识，这种形式，循环往复以至无穷，而实践和认识之每一循环的内容，都比较地进到了高一级的程度"①，这就是人类在实践基础上的认识的辩证发展过程，就是人类认识运动的总规律。而党内存在的教条主义和经验主义的错误就在于：前者否认理性认识来源于感性认识，忽视感性认识的基础地位，不承认感性认识是理性认识的基础；后者则不承认理性认识的重要性，否认感性认识有待于发展到理性认识。这两者的错误在于：割裂了人类认识发展的辩证统一过程，片面地强调认识的某一个方面或某一个阶段。

毛泽东在1937年的《实践论》中所精辟概括的认识发展过程的辩证法和总规律，在1943年的《关于领导方法的若干问题》中转化为中国共产党人的"从群众中来，到群众中去"的活生生的群众路线和工作方法，

---

① 《毛泽东选集》第1卷，人民出版社1991年版，第296—297页。

而群众路线,是毛泽东思想的三大活的灵魂之一,对中国共产党人领导、宣传和组织亿万中国人民进行伟大的中国革命,起了极其重大的指导作用。这一马克思列宁主义中国化的伟大创造,充分展示了毛泽东把马克思列宁主义的认识论与中国革命的具体实践相结合的政治智慧、哲学智慧和实践智慧,充分展示了他把马克思列宁主义的认识论与中国共产党人的历史观有机统一、贯通在一起的高超艺术。毛泽东把马克思主义的能动的认识论与中国共产党的群众路线有机地贯通融汇在一起,诠释了中国共产党代表最广大中国人民的根本利益,并把伟大的中国革命化为全民参与的人民战争而赢得胜利的哲学秘密。

3. 关于真理及其标准问题

真理问题,就是关于人类对于外界事物及其规律能否认识的问题,也就是人类认识所反映的外界事物及其规律性是否可靠的问题。[1] 毛泽东在《实践论》中指出:首先,只有正确反映外界事物及其规律的认识才是真

---

[1] 李琪:《〈实践论〉解释〈矛盾论〉浅说》,山西人民出版社1984年版,第20页。

理，而人的认识正确与否，需要在实践中接受检验，实践是检验真理的标准。其次，人们对事物及其规律的认识不是一蹴而就的，而是一个由简单到复杂、由低级向高级发展的过程。最后，真理有其绝对性和相对性。一方面，正确反映客观事物及其发展规律的认识都有着客观的绝对真理的意义，但是，由于外界事物及其规律不是一下子就能认识清楚的，而且它本身有一个不断变化和发展的过程，所以，人的认识也就随之不断地变化和发展，从这个意义上说，真理又都是相对的。可见，绝对真理和相对真理是一个矛盾统一体。而教条主义和经验主义特别是教条主义的错误就在于：它们只承认绝对真理，不承认相对真理，割裂了认识的辩证统一过程。

以上是《实践论》所阐发的有关辩证唯物论认识论的几个基本问题。下面，我们就对这些问题和内容分别加以详细讨论和研究。

二、关于实践与认识的关系

《实践论》系统地阐述了社会实践在认识过程中的地位和作用。列宁曾指出:"马克思在1845年,恩格斯在1888年和1892年,都把实践标准作为唯物主义认识论的基础。"[①]毛泽东的《实践论》发挥和发展了马克思、恩格斯、列宁的思想,他从认识的产生、发展、检验等各个环节全面考察了实践在认识过程中的地位和作用。他把实践的观点真正贯穿于认识过程的始终,充分体现了实践是认识论之第一的和基本的观点。

毛泽东结合人类历史和中国革命的具体实践,对实践对于认识的基础作用从以下四个方面进行了展开。

1. 实践是认识的来源

在实践是认识的来源的问题上,毛泽东指出:"无论何人要认识什么事物,除了同那个事物接触,即生活于(实践于)那个事物的环境中,是没有法子解决

---

① 《列宁全集》第18卷,人民出版社2017年版,第139页。

的。……如果要直接地认识某种或某些事物,便只有亲身参加于变革现实、变革某种或某些事物的实践的斗争中,才能接触到那种或那些事物的现象,也只有在亲身参加变革现实的实践的斗争中,才能暴露那种或那些事物的本质而理解它们。……你要知道梨子的滋味,你就得变革梨子,亲口吃一吃。……你要知道革命的理论和方法,你就得参加革命。"[1]

首先,实践为认识的产生提出了需要。人的认识活动是适应实践的需要、为了解决和完成实践提出的问题和任务而产生的。从生产活动、阶级斗争、政治生活到科学和艺术活动,种种社会实践形式都为认识的产生提出了需要。例如,科学研究的任务、科学工作的课题是由实践的需要提出,并且围绕着人类实践的需要这个中心来展开的。

其次,实践还为认识的形成提供了可能,并把这种可能变为现实。实践把主体和客体直接地、现实地联结起来,使主体能从客体中获得真实可靠的信息。客观事物只有通过实践这一中介,才能转化为主体的认识对象和认识内容。不仅如此,主体用以加工客体信息的各种思维模式或观念图式,也同样来源于实践。有人认为,

---

[1]《毛泽东选集》第1卷,人民出版社1991年版,第286—288页。

认识来源于实践的命题只适用于经验科学而不适用于演绎科学（数学和逻辑）。这种看法是站不住脚的。逻辑和数学公理表面上看好像是先天的东西，实际上却是人们在实践中对客观事物的关系的反映。正是在长期的实践活动中，客观事物的这种关系亿万次地反映到人们的头脑中来，并逐渐在人们的思想中获得了巩固的和稳定的形式，才形成了各种在人们看来是不证自明的逻辑和数学公理。因此，即使是看似与客观世界无关的抽象理论，也同样源自实践。因此列宁指出："人的实践经过亿万次的重复，在人的意识中以逻辑的式固定下来。这些式正是（而且只是），由于亿万次的重复才有先人之见的巩固性和公理的性质。"①

需要说明的是，对于认识来源于实践，我们不能做狭隘的、简单化的理解。

首先，认识来源于实践并不否定人的大脑和感官在生理素质上的差异对认识的影响。人在生理素质上的差异的确会对其认识造成影响。但需要注意的是，人的生理素质只是人们进行实践和认识的一种物质条件，并不是人们的实践和认识本身。一般来说，它对于形成人们在认识和才能上的差别不起决定性的作用，造成人们认

---

① 《列宁全集》第55卷，人民出版社2017年版，第186页。

识和才能差别的决定性原因只能是后天的社会实践。马克思曾引用亚当·斯密的话来说明这个问题:"他很清楚地看到:'个人之间天赋才能的差异,实际上远没有我们所设想的那么大,这些十分不同的、看来是使从事各种职业的成年人彼此有所区别的才赋,与其说是分工的原因,不如说是分工的结果。'搬运夫和哲学家之间的原始差别要比家犬和猎犬之间的差别小得多。他们之间的鸿沟是分工造成的。"[①]

其次,认识来源于实践并不否认学习间接经验的必要性和重要性。毛泽东拿我国的一句古语举例,"秀才不出门,全知天下事"。这句话虽然并不完全正确,但也说明了学习间接经验的好处或必要性。一方面,每一个特定主体的生命和能力是有限的,不可能事事亲身实践;另一方面,理论或认识本身具有历史的继承性,所以,主体可以也应该通过读书、口耳相传或其他方式来获取间接经验,这是人类认识发展的必要途径。我们还可以用牛顿的一句名言来举例说明获取间接经验的意义:"假若我能比别人望得略为远些,那是因为我站在巨人们的肩膀上。"

最后,间接经验归根到底也是来源于前人或他人的

[①]《马克思恩格斯选集》第1卷,人民出版社2012年版,第238页。

实践。人们接受间接经验也要或多或少地以某种直接经验并以实践为基础，只有把间接经验和直接经验在实践的基础上有机地、辩证地结合起来，才能有比较完全的认识。

总之，实践在认识中的重要作用就在于它为主体和客体之间发生联系和相互作用提供了必不可少的基础条件和必要环节，它就像一座桥梁一样连通了主体与客体。作为主体的人只有在变革世界的实践中，才能从客体那里获得各种信息，使客体显露出它内部的本质和规律。所以，归根结底，实践是认识的来源。

2. 实践是认识发展的动力

实践不仅是认识的来源，还是认识发展的动力。毛泽东从实践与认识的历史发展中考察两者的相互关系，强调指出："不能在封建社会就预先认识资本主义社会的规律，因为资本主义还未出现，还无这种实践。马克思主义只能是资本主义社会的产物。马克思不能在自由资本主义时代就预先具体地认识帝国主义时代的某些特异的规律，因为帝国主义这个资本主义最后阶段还未到来，还无这种实践，只有列宁和斯大林才能担当此项任务。马克思、恩格斯、列宁、斯大林之所以能够作出他们的理论，除了他们的天才条件之外，主要地是他们亲自参加了当时的阶级斗争和科学实验的实践，没有这后一个条件，任何天才也是不能成功的。"[1]

可见，实践的发展不断揭示出客观世界的越来越多的特性和规律，为解决认识上的新课题积累越来越丰富的经验材料，否则，没有资本主义社会的实践，任何天才也不能创立马克思主义的理论，实现人类思想史上的革命性变革。所以，我们可以得出的结论是：第一，实践的发展为认识的发展提供必要的条件。所以毛泽东才作出"马克思主义只能是资本主义社会的产物"的重要论断。第二，实践锻炼和提高了主体的认识能力。恩格斯说："人的智力是按照人如何学会改变自然界而发展的。"[2] 例如，实践提供日益完备的物质手段，锻炼、强化和提高主体的认识能力。第三，实践的发展还不断地提出认识的新课题，推动着认识向前发展。恩格斯说："社会一旦有技术上的需要，则这种需要就会比十所大学更能把科学推向前进。"[3] 第四，实践作为认识发展的动力，还表现在它能推动认识由低级向高级无限发展。因为，实践不断提出认识的新课题，促使人们去研究

---

[1]《毛泽东选集》第1卷，人民出版社1991年版，第287页。
[2]《马克思恩格斯选集》第3卷，人民出版社2012年版，第922页。
[3]《马克思恩格斯选集》第4卷，人民出版社2012年版，第648页。

它,并为解决这些认识课题积累着必要的经验材料;实践不断地创造出新的认识工具,以弥补感官的不足。人类的认识能力和认识水平是随着实践的发展而发展的。

3. 实践是检验认识正确与否的标准

马克思说:"人的思维是否具有客观的真理性,这不是一个理论的问题,而是一个实践的问题。人应该在实践中证明自己思维的真理性,即自己思维的现实性和力量,自己思维的此岸性。"[1] 人用自己的思维模式在头脑中重建客体模型,并根据这个客体模型推导出应当具有的未知性质,然后再用实践加以检验,当理论预言与变革客体的实践结果一致时,就证明人在头脑中精神地、理论地重建的客体模型与客体自身相一致。

简单来说,任何认识是否具有真理性,只有在实践中加以应用后,才能根据其对实践的作用来判定。因为,一方面,人的认识没有超出主观思想范围,不能确认自身是否与客观实际相符合;另一方面,客观事物自身存在于人的意识之外,不具备把人的认识同客观实在加以对照的能力,不能直接回答人的认识正确与否的问

---

[1]《马克思恩格斯选集》第 1 卷,人民出版社 2012 年版,第 134 页。

题。所以，只有实践具有直接现实性，能够检验人的认识是否正确。实践是把主观和客观联系起来的桥梁，是主观与客观的中介和交错点，具有直接现实性的品格。人们只有在改造客观世界的实践活动中，才能把主观认识同客观现实紧密结合起来并加以对照。人们把从实践中得来的认识加以整理后再返回到实践中去指导实践，如果达到了预期的目的，认识变为现实，就证明这种认识是正确的，否则就是不正确的。

强调实践作为检验认识正确与否的标准，并不是排斥逻辑证明的作用。合乎逻辑的思维既是实践的指导思想，又是理解、总结和表达实践成果的必要条件。但是逻辑本身也是以往人类实践的精神成果，逻辑推理的前提和逻辑法则的真理性也要靠实践来检验。某些逻辑证明的结论，还必须经过实践的检验，才能最后判定它的真理性。因此，实践高于逻辑证明，检验认识正确与否的最终标准只能是实践。坚持把实践作为检验认识正确与否的根本标准，对我们解放思想、破除迷信、坚持实事求是的思想路线，有着重大的理论意义和现实意义。

4. 实践是认识的目的

认识活动的目的不在于认识活动本身，而在于更好地去改造客体，更有效地指导实践。认识指导实践、为实践服务的过程，即是认识价值的实现过程。

马克思主义看重理论，正是而且也仅仅是因为它能够指导行动。如果有了正确的理论，只是把它空谈一阵，便束之高阁，并不实行，那么，这种理论再好也是没有意义的。马克思在《关于费尔巴哈的提纲》中指出："哲学家们只是用不同的方式解释世界，问题在于改变世界。"[①] 人们认识的目的，不仅在于获得对客观事物本质和规律的理解，不仅在于解释世界，而在于通过解释世界去改造世界。如果有了正确的认识，只是把它空谈一阵就束之高阁，那这种认识最终就失去了它的意义。

实践是人们能动地认识世界和改造世界的活动。实践把居于能动与主导方面的主体和居于依据与基础方面的客体联结起来，形成了认识和改造的关系。如果有了正确的认识，就应该把它应用于改造自然界、改造社会、改造人们之间的社会关系乃至改造人自身的实践中去。这才是认识的更大意义所在。人类发展的历史表明，没有实践，就没有社会历史的进步和人自身的进步。

---

① 《马克思恩格斯选集》第1卷，人民出版社2012年版，第136页。

毛泽东关于实践是认识的来源、动力、检验标准和目的的系统、完整和具体的观点、思想和论述，始终是围绕着马克思列宁主义的基本原理与中国革命的具体实践相结合这一核心问题来展开的，这是毛泽东考察实践和认识之相互关系的理论动机或根本目的所在。毛泽东所讲的实践是社会实践，而且首先是中国共产党人领导中国革命的具体实践，而社会实践和社会革命，又是历史唯物论的基本问题和核心范畴。毛泽东的能动的认识论与革命的历史观始终是同在同行、有机统一的。

三、关于认识的辩证发展过程和认识的规律

毛泽东在《实践论》中详细阐明的马克思列宁主义的能动的认识论的另一个基本问题,就是认识的辩证过程问题。他认为:"这种基于实践的由浅入深的辩证唯物论的关于认识发展过程的理论,在马克思主义以前,是没有一个人这样解决过的。马克思主义的唯物论,第一次正确地解决了这个问题,唯物地而且辩证地指出了认识的深化的运动,指出了社会的人在他们的生产和阶级斗争的复杂的、经常反复的实践中,由感性认识到论理认识的推移的运动。"[①]

"原来人在实践过程中,开始只是看到过程中各个事物的现象方面,看到各个事物的片面,看到各个事物之间的外部联系。例如有些外面的人们到延安来考察,头一二天,他们看到了延安的地形、街道、屋宇,接触了许多的人,参加了宴会、晚会和群众大会,听到了各种说话,看到了各种文件,这些就是事物的现象,事

[①]《毛泽东选集》第1卷,人民出版社1991年版,第286页。

物的各个片面以及这些事物的外部联系。这叫做认识的感性阶段,就是感觉和印象的阶段。也就是延安这些各别的事物作用于考察团先生们的感官,引起了他们的感觉,在他们的脑子中生起了许多的印象,以及这些印象间的大概的外部的联系,这是认识的第一个阶段。"①

毛泽东在这段文字里通过具体生动的事例,非常清晰地描述了认识过程的第一个阶段即感性认识阶段。在这个阶段,人们对认识对象有了一个直观的、现象的认识。此阶段人们对于事物的了解还处于量变阶段。外界事物在人们的实践过程中作用于人们的感觉器官,在人们的头脑中不断地产生许多感觉和印象,这些感觉和印象就是人们认识的量变阶段。这个阶段的认识还是关于事物的现象的、片面的和外部联系的东西。因此,在这个阶段人们还只是感觉到了认识对象,还没有形成深刻的概念,还没有在深刻地理解基础上,作出合乎逻辑的结论。

"社会实践的继续,使人们在实践中引起感觉和印象的东西反复了多次,于是在人们的脑子里生起了一个认识过程中的突变(即飞跃),产生了概念。概念这种东西已经不是事物的现象,不是事物的各个片面,不是

---

① 《毛泽东选集》第1卷,人民出版社1991年版,第284—285页。

它们的外部联系，而是抓着了事物的本质，事物的全体，事物的内部联系了。概念同感觉，不但是数量上的差别，而且有了性质上的差别。循此继进，使用判断和推理的方法，就可产生出合乎论理的结论来。《三国演义》上所谓'眉头一皱计上心来'，我们普通说话所谓'让我想一想'，就是人在脑子中运用概念以作判断和推理的工夫。这是认识的第二个阶段。"①

这个形成概念、进行判断和推理的阶段，是人们对于一个事物的整个认识过程的第二个阶段，也就是理性认识阶段。在这个阶段，人们对事物的认识发生了从量变阶段到质变阶段的很大的飞跃。人们在感觉到的事物的现象的、片面的和外部的联系的基础上，更进一步，抓着了事物的本质、事物的全体、事物的内部联系。这是非常重要的一个阶段。这是因为："辩证唯物论的认识运动，如果只到理性认识为止，那末还只说到问题的一半。而且对于马克思主义的哲学说来，还只说到非十分重要的那一半。马克思主义的哲学认为十分重要的问题，不在于懂得了客观世界的规律性，因而能够解释世界，而在于拿了这种对于客观规律性的认识去能动地改

---

①《毛泽东选集》第1卷，人民出版社1991年版，第285页。

造世界。"①

第一，认识的目的是指导实践。人们认识和掌握外部世界的规律并不是目的本身，认识世界是为了改造世界，只有将理性认识运用到实践中并指导实践，人们的认识才更具有实际意义。在马克思主义看来，理论是重要的，它的重要性充分地表现在列宁说过的一句话："没有革命的理论，就不会有革命的运动。"正如前文所述，马克思主义看重理论的重要原因是理论能够指导行动。如果有了正确的理论，却只把它用于空谈，然后束之高阁，而不用于指导实践，"那末，这种理论再好也是没有意义的"②。

第二，理性认识形成后，它是否正确地揭示了事物的本质和规律，这个问题也还没有得到最终解决。要想解决这个问题，就只有把理性认识应用到实践中，看它是否能使实践达到预定的目标。

"认识从实践始，经过实践得到了理论的认识，还须再回到实践去。认识的能动作用，不但表现于从感性的认识到理性的认识之能动的飞跃，更重要的还须表现于从理性的认识到革命的实践这一个飞跃。抓着了

---

① 《毛泽东选集》第1卷，人民出版社1991年版，第292页。
② 《毛泽东选集》第1卷，人民出版社1991年版，第292页。

世界的规律性的认识,必须把它再回到改造世界的实践中去,再用到生产的实践、革命的阶级斗争和民族斗争的实践以及科学实验的实践中去。这就是检验理论和发展理论的过程,是整个认识过程的继续。理论的东西之是否符合于客观真理性这个问题,在前面说的由感性到理性之认识运动中是没有完全解决的,也不能完全解决的。要完全地解决这个问题,只有把理性的认识再回到社会实践中去,应用理论于实践,看它是否能够达到预想的目的。"[1]

把理性认识应用于实践中,用实践来检验和发展理论,这是整个认识过程的继续,我们不妨把它称作认识过程的第三个阶段。那么认识过程到这里就完成了吗?

"我们的答复是完成了,又没有完成。……一般地说来,不论在变革自然或变革社会的实践中,人们原定的思想、理论、计划、方案,毫无改变地实现出来的事,是很少的。这是因为从事变革现实的人们,常常受着许多的限制,不但常常受着科学条件和技术条件的限制,而且也受着客观过程的发展及其表现程度的限制(客观过程的方面及本质尚未充分暴露)。在这种情形之下,由于实践中发现前所未料的情况,因而部分地

---
[1]《毛泽东选集》第1卷,人民出版社1991年版,第292页。

改变思想、理论、计划、方案的事是常有的,全部地改变的事也是有的。即是说,原定的思想、理论、计划、方案,部分地或全部地不合于实际,部分错了或全部错了的事,都是有的。许多时候须反复失败过多次,才能纠正错误的认识,才能到达于和客观过程的规律性相符合,因而才能够变主观的东西为客观的东西,即在实践中得到预想的结果。但是不管怎样,到了这种时候,人们对于在某一发展阶段内的某一客观过程的认识运动,算是完成了。"[1]

人们的认识过程发生了从感性认识到理性认识,再由理性认识回到实践的两次飞跃之后,人们的认识运动就算完成了吗?为什么毛泽东说"是完成了,又没有完成"呢?

之所以说"完成了",是就变革某一对象的发展阶段内的某一过程获得成功的情形而言的。人们在兴办一个工程、制造一种器物、变革某一社会过程等这一类实践时,某一对象的具体过程就反映在人们的意识中,形成感性经验,人们对感性经验进行逻辑加工,能够发现那一具体过程的规则,并通过概括而形成思想和理论,然后根据这一思想和理论拟订计划和方案去改造同

---

[1]《毛泽东选集》第1卷,人民出版社1991年版,第293—294页。

一对象的同一具体过程，如果达到了目的或获得成功，那么对于这个具体的认识过程或认识运动而言，算是完成了。

"然而对于过程的推移而言，人们的认识运动是没有完成的。任何过程，不论是属于自然界的和属于社会的，由于内部的矛盾和斗争，都是向前推移向前发展的，人们的认识运动也应跟着推移和发展。依社会运动来说，真正的革命的指导者，不但在于当自己的思想、理论、计划、方案有错误时须得善于改正，如同上面已经说到的，而且在于当某一客观过程已经从某一发展阶段向另一发展阶段推移转变的时候，须得善于使自己和参加革命的一切人员在主观认识上也跟着推移转变，即是要使新的革命任务和新的工作方案的提出，适合于新的情况的变化。革命时期情况的变化是很急速的，如果革命党人的认识不能随之而急速变化，就不能引导革命走向胜利。"[1]

之所以说"又没有完成"，是因为人们的认识从感性阶段上升到理性阶段，再从理性认识回到实践中去指导实践并接受实践的检验，这仅仅是认识发展中的一个相对完整的环节或过程，而不是整个认识过程的终结。

---

[1]《毛泽东选集》第1卷，人民出版社1991年版，第294页。

这是因为，客观世界是永恒发展的，人的实践活动和认识能力也是不断发展的，任何认识都不是一次完成、没有缺陷的。人们会在新的实践中不断对认识提出新课题，对认识的深度和广度提出更高要求，因此认识永远处于不断发展、运动的过程中。认识的各个环节或者阶段，无论是在实践基础上从感性认识上升到理性认识，还是从理性认识再回到实践中接受检验和指导实践并取得进一步发展，都是一个不断反复、不断发展、不断深化的过程。因此，毛泽东在《实践论》最后一段这样总结认识的发展过程和规律："从感性认识而能动地发展到理性认识，又从理性认识而能动地指导革命实践，改造主观世界和客观世界。实践、认识、再实践、再认识，这种形式，循环往复以至无穷，而实践和认识之每一循环的内容，都比较地进到了高一级的程度。"[①]

在这里，毛泽东并不是一般地、抽象地考察和论述认识的辩证过程及其规律，而是始终从人们的认识与实践的相互关系中来展开，而毛泽东所说的实践也不是一般的、抽象的实践，而是人们变革现实的活生生的社会革命的实践，特别是中国共产党人领导中国人民进行革命、推翻三座大山的伟大的历史性的社会革命的实

[①]《毛泽东选集》第1卷，人民出版社1991年版，第296—297页。

践。而社会实践，特别是社会革命的实践，又是历史唯物主义的核心概念和基本范畴。正是在这一意义上说，毛泽东的《实践论》既是科学的唯物论，又是能动的认识论，既是唯物的辩证法，又是革命的社会历史观。

四、感性认识和理性认识的关系

虽然到这里,我们已经基本理解和把握了认识的总体过程和基本规律,但这里必须特别强调的一点是,我们应该如何看待和理解感性认识与理性认识的关系。这一关系之所以重要,是因为它关系到我们如何认识和对待"唯理论"和"经验论"这两种哲学倾向,关系到我们是否能够坚持马克思主义关于认识的辩证法问题,关系到我们的社会实践的得失成败。

第一,理性认识依赖于感性认识。毛泽东批评了哲学史上否认感性认识的重要性的错误倾向。

"如果以为理性认识可以不从感性认识得来,他就是一个唯心论者。哲学史上有所谓'唯理论'一派,就是只承认理性的实在性,不承认经验的实在性,以为只有理性靠得住,而感觉的经验是靠不住的,这一派的错误在于颠倒了事实。理性的东西所以靠得住,正是由于它来源于感性,否则理性的东西就成了无源之水,无本之木,而只是主观自生的靠不住的东西了。从认识过程的秩序说来,感觉经验是第一的东西,我们强调社会实践在认识过程中的意义,就在于只有社会实践才能使人的认识开始发生，开始从客观外界得到感觉经验。一个闭目塞听、同客观外界根本绝缘的人，是无所谓认识的。认识开始于经验——这就是认识论的唯物论。"[1]

感性认识是人的眼、耳、鼻、舌、身等感官通过人在实践中与认识对象的直接相互作用在头脑中形成感觉、知觉、表象的认识过程。感觉、知觉、表象等感性认识形成的是对事物的表面的、片面的和外部联系的认识，具有数量多、内容丰富、直观生动等特点。感性认识是认识的初级阶段，它是联系主观与客观的桥梁，是认识活动的起点，感性认识是人们进一步认识事物本质和规律所依据的原始认识材料，没有感性认识人们就无法理解客观世界，因此理性认识自然也就成了无源之水、无本之木。

第二，感性认识有待于发展到理性认识。在批评了"唯理论"的错误倾向后，毛泽东同时批评了忽视理性认识重要性的"经验论"的错误。

"如果以为认识可以停顿在低级的感性阶段，以为只有感性认识可靠，而理性认识是靠不住的，这便是重复了历史上的'经验论'的错误。这种理论的错误，在于不知道感觉材料固然是客观外界某些真实性的反映（我这里不来说经验只是所谓内省体验的那种唯心的经

---

[1]《毛泽东选集》第1卷，人民出版社1991年版，第290页。

验论），但它们仅是片面的和表面的东西，这种反映是不完全的，是没有反映事物本质的。要完全地反映整个的事物，反映事物的本质，反映事物的内部规律性，就必须经过思考作用，将丰富的感觉材料加以去粗取精、去伪存真、由此及彼、由表及里的改造制作工夫，造成概念和理论的系统，就必须从感性认识跃进到理性认识。这种改造过的认识，不是更空虚了更不可靠了的认识，相反，只要是在认识过程中根据于实践基础而科学地改造过的东西，正如列宁所说乃是更深刻、更正确、更完全地反映客观事物的东西。庸俗的事务主义家不是这样，他们尊重经验而看轻理论，因而不能通观客观过程的全体，缺乏明确的方针，没有远大的前途，沾沾自喜于一得之功和一孔之见。这种人如果指导革命，就会引导革命走上碰壁的地步。"[1]

由于感性认识还只是停留在事物的表面现象，还没有形成对事物的本质和规律的认识，所以如果人们仅仅凭着感性认识去指导实践，就难免会犯狭隘经验主义的错误，就会导致实践上的失败。而理性认识是人们运用抽象思维所获得的关于事物的本质、整体、内部联系的认识。概念、判断、推理和由此构成的理论系统是理性

---

[1]《毛泽东选集》第1卷，人民出版社1991年版，第291页。

认识的基本特征和表现形式。

感性认识需要上升到理性认识,因为"感觉到了的东西,我们不能立刻理解它,只有理解了的东西才更深刻地感觉它。感觉只解决现象问题,理论才解决本质问题"[1]。

在感性认识上升到理性认识的过程中,有两个非常重要的环节:一是掌握尽可能全面的丰富的感性材料;二是运用科学的方法对丰富的感性材料进行整理加工。我们占有了全面而丰富的感性认识材料,然后运用科学的思维方法,通过分析、综合、归纳、演绎、抽象、概括、判断和推理等一系列思维活动,将感性认识材料去伪存真、去粗取精、由表及里、由此及彼地进行加工制作、选择和建构,形成概念、判断、推理的理论系统,从而完成感性认识上升到理性认识的过程。

第三,在人们实际的认识过程中,感性认识和理性认识总是相互渗透、互相包含的,二者总是交织在一起的。一方面,感性认识中有理性认识,因为人们的感性认识总是在以往获得的理性认识的指导下进行的。因此,人们在感性的认识活动中所获得的感性认识,必然是带有理性认识因素的感性认识。例如,专业的歌手在

---

[1]《毛泽东选集》第1卷,人民出版社1991年版,第286页。

听到同伴演唱时，可以感觉到同伴的演唱的水平和状态，而一般听众则无法感觉到这些信息。另一方面，理性认识中同样有感性认识的因素。这是因为任何理性认识，都是面对具体的感性的认识对象，从关于它的感性认识中提炼、概括出来的，因此，它难免保留着关于这些认识对象的某些感性形象。在人们的理性思维活动中这些感性形象总是伴随着思维活动再现出来。而且，在理性认识阶段，人们还会继续获得新的感性材料，因此，理性阶段中有感性认识活动的继续。

在《实践论》中，毛泽东把认识过程做了感性认识阶段和理性认识阶段的区分。同时，他也始终强调两者的辩证统一性。感性认识和理性认识是辩证统一的。哲学上的"唯理论"和"经验论"有一个共通的缺点，就是它们都不懂得认识过程的辩证性。"唯理论"与教条主义相像，"经验论"与经验主义相像。如果过分强调感性认识而轻视理性认识，就有可能犯经验主义的错误；如果过分强调理性认识而忽视感性认识，就有可能犯教条主义的错误。这两种错误都是毛泽东着力批判的。因此，正确认识和把握感性认识和理性认识的辩证关系，对于做好实际工作具有重要的方法论意义。

五、关于真理及其发展的辩证法

真理是主观对客观事物的本质及其规律的正确认识，它不是一个一成不变、一旦获得就一劳永逸的认识结论，真理是一个辩证运动着的、不断发展的过程。

"马克思主义者承认，在绝对的总的宇宙发展过程中，各个具体过程的发展都是相对的，因而在绝对真理的长河中，人们对于在各个一定发展阶段上的具体过程的认识只具有相对的真理性。无数相对的真理之总和，就是绝对的真理。客观过程的发展是充满着矛盾和斗争的发展，人的认识运动的发展也是充满着矛盾和斗争的发展。一切客观世界的辩证法的运动，都或先或后地能够反映到人的认识中来。社会实践中的发生、发展和消灭的过程是无穷的，人的认识的发生、发展和消灭的过程也是无穷的。"[1]

任何真理都既有相对性，又有绝对性，是相对性和绝对性的辩证的、有机的统一。我们通常所说的真理，既包括在特定社会历史条件下的关于无限的物质世界中

---

[1]《毛泽东选集》第1卷，人民出版社1991年版，第295页。

的特定事物的真理，又包括在特定历史条件下关于无限物质世界的真理总体，也包括超越整个历史的、无限发展着的关于无限物质世界的真理总体。无论在上述哪一种情况下，真理都是相对性和绝对性的统一。然而，机械唯物论却不懂得这一点。

真理的相对性是指它的有条件性、有限性。首先，真理所反映的对象是有条件的、有限的。任何真理由于都会受到人类实践的水平和范围以及认识能力的限制，因而它所反映的对象是有限的，它只能是对无限的物质世界发展的某一阶段、某一方面、某一层次的认识，不可能是对无限物质世界整体的认识。这是真理在广度上的有条件性、有限性。其次，真理反映客观对象的正确程度也是有条件的、有限的。任何特定的真理，不仅它所反映的对象在范围上是有限的，而且它反映对象时的正确程度也是有限的。虽然任何真理都必然是对认识对象的正确反映，否则它就不是真理，但是由于条件的限制，任何真理对认识对象的反映只能是相对正确的，即在认识的深刻程度上、精确度上都是有限的，或者是近似的。这是真理在深度上的有条件性、有限性。列宁曾经就真理的有条件性和有限性明确指出："人不能完全地把握＝反映＝描绘整个自然界、它的'直接的总体'，人只能通过创立抽象、概念、规律、科学的世界图景等等永远地接近于这一点。"①也就是说,任何真理都只能是主观对客观事物近似正确即相对正确的反映。然而,机械唯物论主张物质世界和人类意识都是不变的。不变的人类意识能够一次地完全地认识不变的物质世界,达至绝对真理。因此,他们只知道真理的绝对性,却不知道真理的相对性。②

真理的绝对性是指它的无条件性、无限性。任何真理在具有相对性的同时,又具有绝对性,即无条件性、无限性。首先,任何真理都必然包含着同客观对象相符合的客观内容,这一点是确定无疑的、无条件的。虽然任何真理不可避免地总是对认识对象的相对正确的反映,但它之所以能被认为是真理,就在于它必然具有与认识对象相符合的内容,它可以在实践中起着指导实践并促成实践获得成功的作用,因而它必然包含着经得起实践检验的客观内容。真理的这一性质是无条件的、绝对的,否则就不能被认为是真理。其次,每一个真理的获得,都是对无限发展着的物质世界的接近,这也是无条件的、绝对的。任何真理都在它对有限的认识对象的反映中,同时包含着对无限的物质世界的认识。由于无限的物质

---

① 《列宁全集》第55卷,人民出版社2017年版,第153页。
② 李达著、汪信砚编:《〈实践论〉〈矛盾论〉解说》,人民出版社2019年版,第55页。

世界并不是与有限的具体事物无关的一种存在,它是存在于有限的具体事物之中的,它的各种本质或规律是通过具体事物表现出来的。因此,对有限的具体事物的认识,同时也是对无限的物质世界的一种认识。恩格斯说:"对自然界的一切真实的认识,都是对永恒的东西、对无限的东西的认识,因而本质上是绝对的。"[1]人们对绝对的、永恒的、无限的物质世界的认识,正是通过对相对的、暂时的、有限的具体事物的认识来实现的。正是在这个意义上,我们断言任何具有相对意义的真理,同时也必然包含着绝对性。最后,任何真理就其发展来说,无论在广度和深度方面都是无限的、无条件的,这一点是绝对的,这同样是真理绝对性的表现。虽然人类关于无限的物质世界的任何真理都是相对的、有限的、有条件的,然而,由于人类的实践水平和实践范围、人类的认识能力都是不断发展着的,因而真理内容在深度和广度上都是永恒地、无限地、无条件地发展的。

任何真理都同时既是相对的,又是绝对的,两者是不可分割地联结在一起的。这是因为每一个具体的真理性认识都同时具有相对性和绝对性。由于人们在认识世界时的局限性,任何真理无论在认识的深度还是广度上

---

[1]《马克思恩格斯选集》第3卷,人民出版社2012年版,第938页。

都是有条件的、有限的，因而是相对的；但它必然包含着与客观对象本质和规律相一致、并且经得起实践检验的内容，因而又是绝对的。真理既是对有限对象的反映，这是相对的；但它同时又通过有限对象反映了无限物质世界的某些内容，因此它又是绝对的。它是对认识对象的近似的反映，这是相对的；但它又是在不断的发展中无限地逼近着认识对象的绝对正确的反映，而这又是绝对的。总之，任何真理都同时是相对性和绝对性的辩证的有机统一。

真理是一个在实践基础上不断发展不断丰富的辩证过程。人的认识是从相对真理走向绝对真理的过程。马克思主义并没有结束真理，而是在实践中不断开辟真理的道路。

"通过实践而发现真理，又通过实践而证实真理和发展真理。从感性认识而能动地发展到理性认识，又从理性认识而能动地指导革命实践，改造主观世界和客观世界。实践、认识、再实践、再认识，这种形式，循环往复以至无穷，而实践和认识之每一循环的内容，都比较地进到了高一级的程度。这就是辩证唯物论的全部认识论，这就是辩证唯物论的知行统一观。"[1]

---

[1]《毛泽东选集》第1卷，人民出版社1991年版，第296—297页。

毛泽东把认识运动的规律及其形式与认识真理和发展真理的规律有机贯通在一起，强调认识真理的过程是螺旋式的上升，逐步由低级形式发展到高级形式，逐步由相对真理走近绝对真理的过程。

我们在这里需要再一次强调指出，毛泽东在这里，也在整部《实践论》中，始终把马克思列宁主义关于认识问题、真理问题的考察、分析和论述，与如何认识、把握和处理中国革命实践的一系列重大问题，与批判和纠正党内割裂理论与实践、主观与客观的相互关系的错误倾向，与如何在中国革命的时代背景和社会历史条件下创造性地发展马克思列宁主义、推进和实现马克思主义中国化的变革历程等联系在一起进行的。

六、《实践论》：作为实践哲学的方法论意义

毛泽东的《实践论》《矛盾论》不是一般意义上的理论哲学著作。只有把《实践论》《矛盾论》理解为关于中国革命的实践形态的哲学，我们才能深刻理解，为什么不是哲学史上的那些鸿篇巨制，而是仅仅只有几万字的《实践论》《矛盾论》，能够为中国共产党人所理解和接受，并且在现代中国的革命中发挥了那样巨大的世界观方法论的指导作用。

这使我们想起了年轻的马克思在《〈黑格尔法哲学批判〉导言》中的一句名言："批判的武器当然不能代替武器的批判，物质力量只能用物质力量来摧毁；但是理论一经掌握群众，也会变成物质力量。理论只要说服人，就能掌握群众；而理论只要彻底，就能说服人。所谓彻底，就是抓住事物的根本。而人的根本就是人本身。"[1]

毛泽东的《实践论》《矛盾论》，就是能够说服并掌握群众、抓住事物根本的彻底的理论，并最终变成了

---

[1]《马克思恩格斯选集》第1卷，人民出版社2012年版，第9—10页。

《实践论》《矛盾论》研读

变革中国社会、变革世界的具有巨大物质力量的实践哲学。

《实践论》《矛盾论》的基本价值和深远意义,在于它以创造性的理论意识和思想智慧,为中国共产党人创制了现代中国革命的哲学逻辑,描绘了现代中国革命的哲学蓝图,确立了现代中国革命实践经验的理论形态。就《实践论》而言,这一哲学逻辑和理论形态就是:中国共产党领导的中国革命要想取得成功,就必须创造性地坚持知与行、理论与实践的具体的历史的统一这个马克思列宁主义的基本原则,清醒、坚决而有力地拒绝、批判和破除割裂理论与实践相互关系的教条主义和经验主义,特别是"左"倾教条主义的思想及其危害。坚持知与行、理论与实践的具体的历史的统一,是毛泽东提供给中国共产党人认识和理解中国革命、批判教条主义和经验主义的理论框架和基本原则,也是我们今天解读现代中国革命的哲学逻辑以及现代中国革命实践经验的理论形态的一个经典的哲学范式。

为什么说《实践论》是破除教条主义和经验主义的思想武器?因为知与行、理论与实践只有在社会实践的基础上,只有在社会实践的历史进程中,才能达到真正的和现实的有机统一。而教条主义者和经验主义者的要害问题或根本错误,就在于他们都同样割裂了知与行、理论与实践的具体的历史的统一。

知与行、理论与实践的具体的历史的统一这一马克思列宁主义的基本原则，毛泽东是在1937年的《实践论》中加以全面、系统地哲学论证的。但如果回顾毛泽东在建党之后一直到写作《实践论》这一时期的著作，我们就可以梳理出这样一个逻辑线索：知与行、理论与实践的具体的历史的统一已经体现在这一时期的著作之中了。

为什么还在中国共产党的幼年时期，毛泽东就在认真阅读、研究马克思列宁主义经典著作的同时，更重视去实际地考察和研究中国社会、中国革命的实际问题，写出了《中国社会各阶级的分析》《湖南农民运动考察报告》《中国的红色政权为什么能够存在？》《井冈山的斗争》《星星之火，可以燎原》《关心群众生活，注意工作方法》《论反对日本帝国主义的策略》《中国革命战争的战略问题》《为争取千百万群众进入抗日民族统一战线而斗争》等一系列面向中国实际的光辉著作？为什么在写作上述著作的同时，毛泽东还写出了《关于纠正党内的错误思想》《反对本本主义》等批评和破除党内存在的各种各样的错误思潮的著作？从这里所列出来的这些长长的书单中，我们不是可以看到毛泽东一贯倡导和坚持的知与行、理论与实践相统一的基本逻辑么？我们不是可以清楚地看到反对主观主义，特别是反对教条主义，是毛泽东在创作《实践论》《矛盾论》之前就一直在坚持的一个基本原则么？

如果脱离开中国共产党从1921年成立到1937年这一阶段的基本历史背景，如果不去阅读、理解和研究毛泽东在这一阶段进行理论创作的实践指向的基本逻辑，我们就不能深刻理解毛泽东为什么把他的著作鲜明地命名为《实践论》，我们也就不能把握为什么知与行、理论与实践的具体的历史的统一成为他的著作的核心问题了。由此我们就可以理解，毛泽东为什么在《实践论》中如此看重并引用了斯大林的如下文字："理论若不和革命实践联系起来，就会变成无对象的理论，同样，实践若不以革命理论为指南，就会变成盲目的实践。"[①]

毛泽东在《实践论》中系统阐述了实践是认识的基础这一辩证唯物主义认识论的基本观点，突出强调了马克思列宁主义哲学的实践特征。《实践论》以认识和实践的辩证统一为中心，深刻论述了辩证唯物主义认识路线的实践功能，鲜明地强调了实践是马克思主义认识论的首要和基本的观点。《实践论》从马克思主义认识论的高度论证了党的思想路线的哲学依据，用马克思主义

---

① 《毛泽东选集》第1卷，人民出版社1991年版，第293页。

认识论观点揭露了党内狭隘的经验主义,特别是"左"倾教条主义的错误及其危害,从哲学高度深入总结、概括和反思了中国共产党建党以来的历史经验和教训,为实事求是的思想路线奠定了坚实深厚的哲学基础。

毛泽东独具匠心地以《实践论》来命名的这一光辉著作,极为突出而鲜明地标志了马克思主义哲学的实践特征。马克思和恩格斯第一次把批判的革命的实践观引入认识论并以此为基础,实现了哲学思想领域,特别是认识论领域的一次伟大的革命性变革。马克思认为自己是"实践的唯物主义者",强调"全部社会生活在本质上是实践的"[①],并把自己的实践哲学与以往的理论哲学区别开来:"哲学家们只是用不同的方式解释世界,问题在于改变世界。"[②]列宁也同样认为,"生活、实践的观点,应该是认识论的首要的和基本的观点"[③]。毛泽东更明确地进一步强调:"马克思主义的哲学辩证唯物论有两个最显著的特点:一个是它的阶级性,公然申明辩证唯物论是为无产阶级服务的;再一个是它的实践性,强调理论对于实践的依赖关系,理论的基础是实践,又转

---

① 《马克思恩格斯选集》第1卷,人民出版社2012年版,第135页。
② 《马克思恩格斯选集》第1卷,人民出版社2012年版,第140页。
③ 《列宁全集》第18卷,人民出版社2017年版,第144页。

过来为实践服务。"[1]毛泽东在这里强调马克思主义哲学的实践性,强调理论与实践的辩证关系,根本目的或深刻动机仍然在于批判和破除党内存在的主观主义:"唯心论和机械唯物论,机会主义和冒险主义,都是以主观和客观相分裂,以认识和实践相脱离为特征的。以科学的社会实践为特征的马克思列宁主义的认识论,不能不坚决反对这些错误思想。"[2]

由此我们看到,从一般理论意义上或纯哲学意义上阐释实践问题并不是毛泽东的用意所在,他的根本目标是为了提供中国革命如何进行的哲学逻辑。毛泽东的《实践论》,一方面是对马克思列宁主义精神实质的哲学阐发,另一方面又一针见血地指向中国共产党党内的主观主义,特别是教条主义的错误路线,因此毛泽东不仅一再谆谆告诫中国共产党人要坚持知与行、理论与实践的具体的历史的统一的基本原则,而且他的《实践论》就是坚持这一基本原则的光辉典范。我们完全有理由说,坚持理论与实践、知与行的具体的历史的统一,构成了毛泽东哲学思想的最大特色。

毛泽东在《实践论》中深入阐明了社会实践在认识

---

[1]《毛泽东选集》第1卷,人民出版社1991年版,第284页。
[2]《毛泽东选集》第1卷,人民出版社1991年版,第295页。

过程中的基础性地位,指出只有实践才是认识的来源和动力,是检验认识正确与否的标准。《实践论》以此为前提,深刻揭示了认识发展的辩证过程,深刻阐述了感性认识与理性认识的辩证关系,突出强调了知与行、理论与实践的具体的历史的统一的重大意义。毛泽东强调指出:"认识的能动作用,不但表现于从感性的认识到理性的认识之能动的飞跃,更重要的还须表现于从理性的认识到革命的实践这一个飞跃。"[1] 理论与实践的辩证统一关系是如此重要,以至于"理论若不和革命实践联系起来,就会变成无对象的理论,同样,实践若不以革命理论为指南,就会变成盲目的实践"[2]。

这里需要特别说明和强调的是,毛泽东深刻意识到他所反复强调的理论与实践的辩证统一并不是一个一般的理论原则,因为这样的统一有其现代中国革命乃至世界革命的特定的时代内涵,包含着无产阶级追求自身的自由和解放的阶级意识,包含着中国人民乃至全人类的彻底解放的鲜明的未来指向,体现着无产阶级政党为了这样的宏伟目标而改变世界的伟大的历史使命。因此毛泽东才高度自觉地从理论与实践的统一这一原则出发,

---

[1]《毛泽东选集》第1卷,人民出版社1991年版,第292页。
[2]《毛泽东选集》第1卷,人民出版社1991年版,第293页。

明确地向中国共产党人提出了改造客观世界与改造主观世界相统一的要求与任务:"社会的发展到了今天的时代,正确地认识世界和改造世界的责任,已经历史地落在无产阶级及其政党的肩上。这种根据科学认识而定下来的改造世界的实践过程,在世界、在中国均已到达了一个历史的时节——自有历史以来未曾有过的重大时节,这就是整个儿地推翻世界和中国的黑暗面,把它们转变过来成为前所未有的光明世界。无产阶级和革命人民改造世界的斗争,包括实现下述的任务:改造客观世界,也改造自己的主观世界——改造自己的认识能力,改造主观世界同客观世界的关系。地球上已经有一部分实行了这种改造,这就是苏联。他们还正在促进这种改造过程。中国人民和世界人民也都正在或将要通过这样的改造过程。所谓被改造的客观世界,其中包括了一切反对改造的人们,他们的被改造,须要通过强迫的阶段,然后才能进入自觉的阶段。世界到了全人类都自觉地改造自己和改造世界的时候,那就是世界的共产主义时代。"[1]

这就是毛泽东反复强调的知与行、理论与实践相统一的真正的、全部的理论内涵、实践内涵和时代内涵,

---

[1]《毛泽东选集》第1卷,人民出版社1991年版,第296页。

这就是毛泽东关于知与行、理论与实践相统一的哲学逻辑的宏伟抱负和远大目标。从这个意义上说,毛泽东的《实践论》不仅是马克思列宁主义的活生生的能动的认识论,而且是马克思列宁主义的活生生的革命的社会历史观。

只有从马克思列宁主义认识论和历史观点有机统一中,才能深刻地理解毛泽东实践哲学的科学内涵和历史意义。

中国共产党在中国革命的过程中所面临的最大挑战之一,是如何应对、批判和破除党内存在的严重的主观主义,这一挑战在中国共产党的早期尤为严峻。我们之所以在革命、建设过程中曾经犯过错误,就是没有做到知与行、理论与实践的具体的历史的统一。割裂知与行、理论与实践的辩证统一,就会导致两种错误的思想倾向,即教条主义和经验主义。教条主义和经验主义是主观主义的两种具体表现形式或存在形态。

教条主义者和经验主义者的认识论根源,是他们都无法理解认识发展的辩证本性,割裂了感性认识和理性认识的统一过程,孤立地、绝对地、片面地看问题,从而使理论与实践相脱离、主观与客观相分裂,从而成为脱离了中国革命实际的主观主义者。教条主义者不承认理性认识来源于感性认识,不承认感性认识是理性认识的基础、认识过程的第一步,因而轻视感性经验,轻视革命实践对理论发展的决定意义。他们过于强调以至过分夸张了理性认识的地位和作用,认为理论知识不需要依赖建立在实践基础上的感性认识。因此在他们那里,只要把马克思列宁主义的著作加以熟读、背诵和摘引,就可以成为理论家而领导中国革命。他们轻视中国革命的实践经验,不深入研究中国革命的特殊性及其规律,不把马克思列宁主义的基本理论与中国革命的具体实践相结合,而是照搬书本,摘引名句,夸夸其谈,无的放矢。虽然教条主义者自称是"百分之百"的马克思主义理论家,其实他们根本上背离了马克思列宁主义理论联系实际的基本原则,不了解马克思列宁主义经典作家的思想要义和精神实质。由于教条主义者不懂得知与行、理论与实践的具体的历史的统一,从而把活生生的马克思列宁主义的理论,变成了脱离中国革命具体历史实际的抽象的僵死的教条。用教条主义的世界观方法论来观察中国革命,用教条主义的马克思主义观来指导革命运动,最终必然导致中国革命遭受极其严重的损失,断送中国革命,这是教条主义留给我们最严重最惨痛的教训。

在重点解剖、批判教条主义的同时,毛泽东还严厉批判了经验主义的错误与危害。与教条主义者相反,经验主义者认为只有感性认识才是真实可靠的知识，而理性认识是脱离了具体事物的空洞的不可靠的东西。他们不理解从具体上升到抽象的重要性，不理解理论对实践巨大的能动作用，不愿意认真学习和钻研书本以提高自己的理论水平和认识能力，而仅仅满足于自己狭隘的零碎的感性经验，看不到或否认感性认识有待于发展到理性认识。经验主义者由于缺乏或拒绝理性思维和理论观念的培育、锻造和训练，沾沾自喜于一得之功和一孔之见，而没有通观全局的理性能力，没有高瞻远瞩的理论眼光，从而也就提不出逻辑清晰、思路缜密的战略与策略、计划和方案。这样的经验主义者如果指导革命，也会与教条主义者一样，提不出既高屋建瓴又符合实际的路线、方针和政策，更做不到把中国革命的历史经验提升到理论形态，因而同样会把革命引向错误的失败道路。

《实践论》的意义就在于，它提供了批判、破除和战胜作为主观主义之表现形态的教条主义和经验主义的哲学武器。这个武器，就是马克思列宁主义的世界观方法论，就是中国传统思想中富有生命力的、在现代世界的生活与实践中仍然必须加以发扬光大的哲学精髓，就是坚持知与行、理论与实践的具体的历史的统一，就是坚持和实践党的一切从实际出发，理论联系实际，实事求是,在实践中检验和发展真理的实事求是的思想路线。《实践论》同《矛盾论》一道,奠定了中国共产党实事求是思想路线的哲学基础,成为中国共产党引领中国人民进行革命并取得胜利的革命的实践哲学。

这个实践哲学的核心问题不仅是马克思列宁主义的能动的认识论,而且是唯物的辩证法,同时还是中国共产党人领导中国人民进行社会革命的一种具有中国气派、中国特点和中国风格的活生生的社会历史观。《实践论》通过毛泽东的哲学智慧和神来之笔,创造性地体现了中国化的马克思列宁主义的唯物论、认识论、辩证法与社会历史观的水乳交融和有机贯通。

让我们再一次引述毛泽东在《实践论》中所揭示的人类认识运动的总过程和总规律,作为我们本篇研读的第一个基本结论:"通过实践而发现真理,又通过实践而证实真理和发展真理。从感性认识而能动地发展到理性认识,又从理性认识而能动地指导革命实践,改造主观世界和客观世界。实践、认识、再实践、再认识,这种形式,循环往复以至无穷,而实践和认识之每一循环的内容,都比较地进到了高一级的程度。这就是辩证唯物论的全部认识论,这就是辩证唯物论的知行统一观。"[1]

---

[1]《毛泽东选集》第1卷,人民出版社1991年版,第296—297页。

第二章 《实践论》解读

有《实践论》，就必然有《关于领导方法的若干问题》，两者存在着历史的和逻辑的贯通，后者是前者的一个伟大的创造性的硕果。我们把毛泽东发表于1943年的《关于领导方法的若干问题》中把认识运动的总规律活化为群众路线，特别是把群众路线与领导方法有机贯通在一起的一段经典论述，作为我们本篇研读的第二个基本结论："在我党的一切实际工作中，凡属正确的领导，必须是从群众中来，到群众中去。这就是说，将群众的意见（分散的无系统的意见）集中起来（经过研究，化为集中的系统的意见），又到群众中去作宣传解释，化为群众的意见，使群众坚持下去，见之于行动，并在群众行动中考验这些意见是否正确。然后再从群众中集中起来，再到群众中坚持下去。如此无限循环，一次比一次地更正确、更生动、更丰富。这就是马克思主义的认识论。"[1]

---

[1]《毛泽东选集》第3卷，人民出版社1991年版，第899页。

第三章

《矛盾论》解读

《矛盾论》作为扎根于中国大地、写作于中国革命时代的辩证法专著，在马克思主义哲学发展史上第一次系统而全面地阐述了对立统一规律。它蕴涵着中国共产党的政治领袖毛泽东洞察历史逻辑的创造性智慧，代表着中国革命实践经验的理论形态，体现了鲜明的中国风格、中国作风和中国气派，为中国共产党人提供了矛盾的普遍性与特殊性有机统一、以矛盾的特殊性为重点的有着巨大解释力与穿透力的分析框架，成为中国共产党人解释和指导中国革命、批判和破除教条主义这一中国革命之严重障碍的最有力的哲学工具，并由此塑造了中国式唯物辩证法的别开生面的表达形态，从而为马克思主义哲学的发展，为马克思主义哲学的中国化和时代化[1]，作

---

[1] 让·雪斯诺敏锐地认识到，毛泽东思想是马克思主义民族化的重大成就："历史地说来，马克思主义是从西洋的进步思想发展而来的，但是指出了马克思主义怎样可以由中国人民的无数经验而丰富起来，怎样能够成为整个的中国民族文化的先锋，这却是毛泽东的著作莫大的价值。"［许全兴、陈葆华、冯国瑞编：《国外毛泽东思想研究文选》（党校内部发行）1987年版，第69页］。

出了巨大而独特的理论贡献。

毛泽东哲学思想之所以富有巨大生命力，之所以能够引领一个大国的社会制度发生深刻的社会变革，正是因为它能够把实践性与时代性、革命性与人民性这些实践哲学的关键要素创造性地有机统一在一起，从而成为引领现代中国革命的哲学灵魂。

《矛盾论》的核心问题是通过矛盾的普遍性与特殊性的辩证统一的矛盾法则，与《实践论》提出的理论与实践的具体的历史的统一的认识论法则，共同为马克思列宁主义普遍原理与中国革命的具体实践如何创造性结合这一根本性问题，为实事求是的思想路线奠基了最深刻的哲学依据。如同《实践论》的能动的革命的认识论法则由于聚焦于中国革命而成为一种中国式马克思列宁主义的唯物的社会历史观一样，《矛盾论》同样由于聚焦于中国革命的核心问题而成为中国式马克思列宁主义的唯物的历史辩证法。①

《矛盾论》《实践论》完美体现了科学的唯物论、唯物的辩证法、能动的认识论与唯物的社会历史观的有机统一，毛泽东因而不仅成为中国、而且也成为世界马克思主义哲学进入社会历史实践、进入革命时代、进入人民大众的卓越典范。

---

① 《矛盾论》《实践论》的直接表现形态是马克思列宁主义中国化即毛泽东思想的认识论和辩证法，因此学界较少注意到它们与科学的唯物论特别是历史唯物论的内在贯通。但是，毛泽东写作和讲演《矛盾论》《实践论》的根本目的，是运用马克思列宁主义的世界观方法论批判主观主义及其表现形式的经验主义和教条主义，并由此去着力解决中国革命的基本问题，而关于中国革命问题的哲学，首先当是实事求是的思想路线这一中国共产党人的生命线的基本问题，也是代表中国人民利益的社会革命如何开展这一社会历史观的核心问题，革命问题属于认识论和辩证法范畴，同时更是科学的唯物论和历史唯物论的核心要义和基本范畴。

一、《矛盾论》概说

《矛盾论》的发表和出版,是以毛泽东同志在延安抗日军政大学所作的报告《辩证唯物论讲授提纲》中的"矛盾统一法则"章节为蓝本修订、校勘、补充后独立成书的。毛泽东同志的讲授提纲,在抗大演讲后,曾由总政治部根据讲授记录稿整理后交毛泽东审阅,然后打印成书。此后曾有过多种版本。但从现存的版本即人民出版社 1975 年版《矛盾论》、外文出版社 1968 年版意大利文《矛盾论》的封面来看,最早的油印本封面注明的是 1937 年 9 月印,并且还在"矛盾统一法则"章节后的括号内注明"一九三七年,八月七日"。据此可以推断,最初的《矛盾论》写于 1937 年 8 月 7 日之前,而最早的发表时间为 1937 年 9 月。

《矛盾论》是继《实践论》之后毛泽东的另一篇哲学著作。它的写作、成书和讲演,是与当时中国革命的历史氛围、实践需要和思想理论前提分不开的。它是毛泽东运用唯物辩证法分析近现代中国错综复杂的矛盾运动的产物,同时也是国际、国内阶级斗争和中国共产党党内两条路线斗争的产物。可以说,20 世纪 20—30 年代中国各种社会矛盾交织形成的复杂的历史背景;中国共产党人学习、运用马克思主义哲学,创造性地解决中国革命实际问题的实践经验;中国共产党反对党内各种错误思潮特别是批判"左"倾教条主义的迫切需要;当时思想战线上正在进行的马克思主义和非马克思主义论战等诸多因素,成为《矛盾论》写作的时代背景和基本原因。

《矛盾论》虽然吸收了苏联教科书中的一些思想资料和积极成果,却并非苏联教科书的中国翻版。它是毛泽东创造性地运用马克思主义哲学的基本观点,对中国革命的丰富经验进行总结和概括后生成的马克思主义哲学中国化和时代化的典范。《矛盾论》在框架体系上比苏联教科书更加严谨和科学,内在逻辑性更强大;在许多提法、分析和论述上也比苏联教科书更为明晰、系统和深刻,并提出了一系列创造性思想,如:矛盾普遍性的科学概念,矛盾特殊性的五种情形,主要矛盾和非主要矛盾的转化,事物矛盾问题的精髓,等等。实践已经证明而且将继续证明,随着时代的推移和中国社会实践的发展,《矛盾论》不但不会过时,相反将日益显示出它的独特的思想魅力和哲学光芒。

正如《关于建国以来党的若干历史问题的决议》中所讲的那样:"毛泽东同志阐述和发挥了马克思主义辩

证法的核心——对立统一规律。他指出不仅要研究客观事物的矛盾的普遍性,尤其重要的是要研究它的特殊性,对于不同性质的矛盾,要用不同的方法去解决。"

《矛盾论》侧重于从矛盾的普遍性和特殊性相互关系的辩证法角度批判"左"倾教条主义和主观主义,系统地阐述和发挥了对立统一规律。《矛盾论》首先从分析矛盾普遍性入手,然后着重分析矛盾特殊性,最后又归结到矛盾普遍性,从而全面、系统、深入地论述了矛盾问题的各项基本原理。毛泽东的《矛盾论》既继承了马克思列宁主义辩证法的基本精神和基本原则,同时又从中国文化传统特别是中国革命的历史经验出发而实现了新的发展和突破,并赋予其独特的中国特点、中国风格和中国气派。

这主要表现在以下几个方面。

1. 建构了别具匠心的关于矛盾学说的科学体系

列宁曾经指出:"对立统一规律是唯物辩证法的实质和核心,但是这需要说明和发挥。"[①]《矛盾论》就是抓住了这个实质和核心,并且加以创造性发挥和发展。全

[①]《列宁选集》第2卷,人民出版社2012年版,第556页。

《实践论》《矛盾论》研读

文从辩证法的发展观与形而上学的发展观的对立开始引出对立统一规律的重要地位,从而全面地、详尽地分析了矛盾规律的各个方面。这里试举几例来进行说明:首先,《矛盾论》紧紧抓住矛盾规律这个核心,从不同方面对矛盾系统做了深入的论述和展开。①其次,在《矛盾论》中,已经把矛盾与系统、矛盾与过程联系起来了,强调"矛盾即是运动,即是事物,即是过程"②。再次,针对教条主义者重普遍性轻特殊性的错误倾向,毛泽东高度重视研究矛盾的特殊性,强调要"研究每一个大系统的物质运动形式的特殊的矛盾性及其所规定的本质"③。另外,在分析矛盾规律的各个方面时,毛泽东着重分析了矛盾本身的存在情况,并以分析矛盾斗争的形式结束。在分析矛盾本身的存在情况时,他又从矛盾普遍性入手,分析矛盾的特殊性以及特殊性的种种表现形式;阐明了矛盾的普遍性和特殊性的关系;考察了反

---

① 弗朗西斯·苏基于毛泽东辩证法理论的立场,对毛泽东的矛盾概念进行了具体研究并做了高度评价,在他看来,矛盾概念成了"毛泽东辩证法理论的关键性概念,也成了他整个哲学的核心。而可转化性原则就成了解释矛盾各种属性之间关系的重要原则。这种原则在实际问题中的运用,在某方面对马克思主义传统的发展产生了重大影响。"(参见尚庆飞:《国外毛泽东学研究》,江苏人民出版社 2008 年版,第 273 页。)
②《毛泽东选集》第 1 卷,人民出版社 1991 年版,第 319 页。
③《毛泽东选集》第 1 卷,人民出版社 1991 年版,第 310 页。

映矛盾力量不平衡的各种情况，以及矛盾本身的特性。《矛盾论》以矛盾特殊性为考察重点，以矛盾普遍性与矛盾特殊性的关系为贯通始终的主线，形成了一个既阐述马克思列宁主义的基本哲学原理、又运用这些基本原理创造性地解释和把握中国革命的完整、严谨和科学的矛盾体系。毛泽东关于矛盾法则的科学体系在马克思主义哲学史上，具有独特的地位和意义。毛泽东运用矛盾法则考察和分析中国革命的内在逻辑，阐明中国共产党人领导中国人民争取国家独立和人民解放的民族民主革命的哲学逻辑，不仅是对马克思列宁主义唯物辩证法和历史唯物论的重大贡献，而且也丰富和发展了马克思列宁主义关于社会革命的理论宝库。

2. 创造性地发挥了对立统一规律是辩证法的实质和核心的思想

马克思恩格斯在创立唯物辩证法理论的过程中，曾对对立统一规律的地位和作用问题提出过一些重要思想。马克思在《哲学的贫困》中、恩格斯在《反杜林论》中都论述过矛盾的对立统一问题，但总的来说，他们对对立统一规律没有给予足够的注意和系统的论证。明确提出对立统一规律是辩证法的实质和核心的是列宁。他指出:"统一物之分为两个部分以及对它的矛盾着的部分的认识……是辩证法的实质。"[1]并且强调坚持辩证法,反对形而上学,必须掌握对立统一规律,只有掌握了这一规律,才能抓住辩证法的核心。

毛泽东在《矛盾论》中,发挥了马克思、恩格斯特别是列宁关于矛盾辩证法的哲学观点和精神实质,牢牢把握对立统一规律这个核心,系统地论证了辩证法和形而上学两种宇宙观的根本对立。他指出:"所谓形而上学的或庸俗进化论的宇宙观,就是用孤立的、静止的和片面的观点去看世界。"[2]形而上学是"简单地从事物外部去找发展的原因,否认唯物辩证法所主张的事物因内部矛盾引起发展的学说"[3]。与形而上学宇宙观相反,唯物辩证法认为世界上一切事物和现象都是相互联系和不断运动的,事物的发展是事物内部的必然的自己的运动。他指出:"事物发展的根本原因,不是在事物的外部而是在事物的内部,在于事物内部的矛盾性。任何事物内部都有这种矛盾性,因此引起了事物的运动和发展。"[4]"一事物和他事物的互相联系和互相影响则是事

---

[1]《列宁选集》第2卷,人民出版社2012年版,第556页。
[2]《毛泽东选集》第1卷,人民出版社1991年版,第300页。
[3]《毛泽东选集》第1卷,人民出版社1991年版,第301页。
[4]《毛泽东选集》第1卷,人民出版社1991年版,第301页。

物发展的第二位的原因。"[①] 毛泽东对事物发展的动力和源泉的论证，以及内因和外因关系的科学概括和系统发挥，为丰富和发展对立统一规律学说作出了重要贡献。

毛泽东重视对立统一学说的理论地位，更重视它的方法论作用。他在《矛盾论》中特别强调对立统一规律作为思想方法和工作方法的意义。他认为，矛盾分析法是马克思主义方法论中最根本的方法，"这个辩证法的宇宙观，主要地就是教导人们要善于去观察和分析各种事物的矛盾的运动，并根据这种分析，指出解决矛盾的方法"[②]。因为所谓认识世界，从根本上说，就是运用对立统一的观点和方法去认识事物的矛盾；所谓改造世界，就是运用不同的方法去解决不同性质的矛盾，促成事物的转化，达到革命的目的。《矛盾论》的体系和结构反映了人们认识矛盾、解决矛盾的客观过程，鲜明地体现了世界观和方法论、辩证法和认识论的一致性，以及辩证法与革命论的内在贯通，具体地说明了对立统一法则是自然、社会和思维的根本法则，特别强调掌握了对立统一学说，也就从根本上懂得了辩证法。

这个矛盾分析的活生生的辩证法，既是马克思列宁

[①]《毛泽东选集》第1卷，人民出版社1991年版，第301页。
[②]《毛泽东选集》第1卷，人民出版社1991年版，第304页。

主义的唯物辩证法，又是中国化了的马克思列宁主义的中国革命的历史辩证法。《矛盾论》是在唯物辩证法与历史辩证法的有机统一中，考察和阐明中国革命逻辑的实践哲学。

3. 以矛盾的普遍性为基础，重点而详细地论述了矛盾的特殊性

以往的马克思主义经典作家对矛盾普遍性原理的论述，更多的是说明每一事物或现象都包含有矛盾，而关于事物发展过程中存在着自始至终的矛盾运动这方面，他们虽然也提到过，但没有着重强调，也没有以极其明确的语言概括出矛盾普遍性的含义。毛泽东在《矛盾论》中，既明确肯定了矛盾的普遍性，又清晰概括出了矛盾普遍性两个方面的含义："其一是说，矛盾存在于一切事物的发展过程中；其二是说，每一事物的发展过程中存在着自始至终的矛盾运动。"[1] 掌握矛盾的普遍性，就要坚持用矛盾分析的方法去分析一切事物及其发展过程。毛泽东还特别针对中国的具体情况，指出："中国共产党人必须学会这个方法，才能正确地分析中国革命

---

[1]《毛泽东选集》第1卷，人民出版社1991年版，第305页。

的历史和现状,并推断革命的将来。"①

马克思主义经典作家对矛盾特殊性问题也有一些独到精辟的见解。马克思说:"无产阶级和富有是两个对立面。它们本身构成一个统一的整体。它们二者都是由私有制世界产生的。问题在于这两个方面中的每一个方面在对立中究竟占有什么样的确定的地位。只宣布它们是统一整体的两个方面是不够的。"②这就是说,在分析资本主义社会的主要矛盾时,应该考察到无产阶级和资产阶级两个方面的特殊性。列宁也指出:"马克思主义的活的灵魂:对具体情况作具体分析。"③马克思恩格斯和列宁关于矛盾特殊性的思想,主要体现在对国际共产主义运动的实践指导中,但他们并没有将矛盾特殊性从理论上作为专门的哲学范畴加以展开并作出详细的论述。《矛盾论》针对中国共产党内长期存在的教条主义,第一次把矛盾特殊性作为唯物辩证法的基本问题进行了明确、详细、系统的阐述,全面分析了矛盾特殊性的各个方面以及认识矛盾特殊性的重大意义,从而为我们党最终克服"左"倾教条主义重普遍性、轻特殊性的根本性问题,提供了具有深刻和具体针对性的哲学基础,为

---

① 《毛泽东选集》第1卷,人民出版社1991年版,第308页。
② 《马克思恩格斯全集》第2卷,人民出版社1957年版,第43页。
③ 《列宁全集》第39卷,人民出版社 2017 年版,第 128 页。

《实践论》《矛盾论》研读

我们党引领中国革命走向胜利开辟了理论道路。毛泽东在《矛盾论》中详尽地阐明了各种物质运动形式中的矛盾，每一运动形式在各个发展过程中的矛盾，每一发展过程中的矛盾的各个方面，每一发展过程在其各个发展阶段上的矛盾，以及各个发展阶段上的矛盾的各个方面这五种矛盾特殊性的基本形式。毛泽东还特别强调，人们在分析矛盾特殊性时必须具体问题具体分析，用发展的观点、全面的观点深入地进行分析，防止主观性、片面性和表面性。他指出："研究所有这些矛盾的特性，都不能带主观随意性，必须对它们实行具体的分析。离开具体的分析，就不能认识任何矛盾的特性。"[1]

对中国共产党人来说更加重要的是，《矛盾论》紧密联系中国革命的实际，不仅详尽地阐明了应当怎样具体地研究和分析事物的矛盾特殊性，而且从理论上反复说明了认识矛盾特殊性的重要意义。毛泽东认为："如果不研究矛盾的特殊性，就无从确定一事物不同于他事物的特殊的本质，就无从发现事物运动发展的特殊的原因，或特殊的根据，也就无从辨别事物，无从区分科学研究的领域。"[2]

---

[1]《毛泽东选集》第1卷，人民出版社1991年版，第317页。
[2]《毛泽东选集》第1卷，人民出版社1991年版，第309页。

而且也只有研究矛盾特殊性,才能找到解决矛盾的正确方法,而不使革命事业遭受挫折。"用不同的方法去解决不同的矛盾,这是马克思列宁主义者必须严格地遵守的一个原则。教条主义者不遵守这个原则,他们不了解诸种革命情况的区别,因而也不了解应当用不同的方法去解决不同的矛盾,而是千篇一律地使用一种自以为不可改变的公式到处硬套,这就只能使革命遭受挫折,或者将本来做得好的事情弄得很坏。"[①]

毛泽东对矛盾特殊性原理的系统论述是他对唯物辩证法的最重要贡献之一。这一理论成果是他同主观主义的教条主义进行卓绝斗争的经验总结和理论结晶,显示了毛泽东把他的哲学思考和哲学研究同现代世界,特别是同现代中国革命的时代要求建立起坚固桥梁的深刻的哲学智慧和政治洞察力。

始终把矛盾的特殊性问题和具体问题具体分析的哲学法则,与反思、批判和清算教条主义对中国革命的严重危害紧紧地联系在一起进行批判性考察,凸显了毛泽东的唯物辩证法与历史辩证法贯通在一起的卓越、深刻和独到之处。毛泽东的矛盾法则学说是关于中国革命的科学的活生生的历史辩证法。

[①] 《毛泽东选集》第1卷,人民出版社1991年版,第311页。

4. 提出了关于事物矛盾问题的精髓的重要论断

关于矛盾的共性与个性、一般与特殊相互关系的理论，列宁曾作过精辟论述。他说："个别一定与一般相联而存在。一般只能在个别中存在，只能通过个别而存在。任何个别（不论怎样）都是一般。任何一般都是个别的（一部分，或一方面，或本质）。任何一般只是大致地包括一切个别事物。任何个别都不能完全地包括在一般之中，如此等等。"[1] 毛泽东在研究矛盾的普遍性和特殊性的相互关系时，进一步丰富和发展了列宁的思想，并作了深入浅出和逻辑清晰的阐明："矛盾的普遍性和矛盾的特殊性的关系，就是矛盾的共性和个性的关系。其共性是矛盾存在于一切过程中，并贯串于一切过程的始终，矛盾即是运动，即是事物，即是过程，也即是思想。否认事物的矛盾就是否认了一切。这是共通的道理，古今中外，概莫能外。所以它是共性，是绝对性。然而这种共性，即包含于一切个性之中，无个性即无共性。假如除去一切个性，还有什么共性呢？因为矛盾的各各特殊，所以造成了个性。一切个性都是有条件

---

[1]《列宁全集》第55卷，人民出版社2017年版，第307页。

地暂时地存在的，所以是相对的。"①

矛盾的普遍性和矛盾的特殊性不但相互联系，相互依存，而且在一定条件下能够相互转化。"由于事物范围的极其广大，发展的无限性，所以，在一定场合为普遍性的东西，而在另一一定场合则变为特殊性。反之，在一定场合为特殊性的东西，而在另一一定场合则变为普遍性。"②

毛泽东在对矛盾的普遍性和特殊性的相互关系做了深入分析后，得出了一个著名而重要的哲学论断："这一共性个性、绝对相对的道理，是关于事物矛盾的问题的精髓，不懂得它，就等于抛弃了辩证法。"③

毛泽东关于事物矛盾的问题的精髓的论断，是马克思主义哲学史上的一个崭新概括。它揭示了对立统一各个原理之间的内在联系，深化了列宁关于唯物辩证法的实质和核心的哲学论断，在此基础上深入地揭示了矛盾诸方面和诸种矛盾之间的内在关系，要求人们在普遍与特殊、共性与个性、绝对与相对的相互联结中去具体地把握矛盾。更重要更关键的问题在于，毛泽东关于矛盾的普遍性与特殊性、共性与个性这一事物矛盾的问题的

---

① 《毛泽东选集》第1卷，人民出版社1991年版，第319—320页。
② 《毛泽东选集》第1卷，人民出版社1991年版，第318页。
③ 《毛泽东选集》第1卷，人民出版社1991年版，第320页。

精髓的著名论断,从矛盾辩证法角度充分地论证了马克思主义普遍原理为什么必须同中国革命的具体实际相结合,以及如何结合这一重要理论问题和实践问题,突出了辩证法也就是马克思主义认识论的思想,为我们党分析和解决中国革命实践中的各种矛盾、有力批判教条主义者重普遍性轻特殊性的错误倾向和实践危害,提供了根本的指导方针和科学的方法论原则。这是毛泽东对马克思主义辩证法理论的一个新的重大贡献,是马克思列宁主义哲学中国化的一个伟大创造。

毛泽东关于事物矛盾问题的精髓的深刻思想,为中国革命如何进行提供了哲学模型,是通过中国革命的哲学思考而把唯物辩证法与历史唯物论创造性结合的一个伟大的哲学创造,在马克思列宁主义发展史和世界社会主义运动史上具有重大意义。

5. 系统地论证了主要矛盾和主要矛盾方面的原理

马克思主义经典作家对主要矛盾和主要矛盾方面的问题非常重视。但是,尽管他们在具体阐释和运用辩证法的过程中体现了这一思想,并把它视为研究现实问题、指导实际工作的一个重要方法,但他们都没有把这个重大问题作为哲学范畴明确提出来加以论述。苏联20世纪30年代的教科书虽然提出了"主要矛盾"和"主要的矛盾方面"的概念,并阐述了矛盾在事物发展过程中的不平衡性问题,但是还没有能够对这两个概念的含义作出科学的规定,也没有进行系统的论述。这个任务是由毛泽东完成的,并结合领导中国革命的实践作了一系列创造性发挥。

毛泽东在《矛盾论》中首次把主要矛盾和主要矛盾方面作为矛盾特殊性的两种特别的情形提出来并加以阐释,并把这类矛盾的学说提升为哲学原理,并作为分析中国社会和中国革命复杂的矛盾体系和矛盾关系的方法论工具。这是毛泽东在马克思主义发展史上所作出的一个重要贡献。

毛泽东在《中国共产党在抗日时期的任务》一文中提出主要矛盾与次要矛盾及其相互关系的理论,为建立以国共两党为主体的全民族的抗日统一战线,打赢抗日战争的胜利提供了方法论依据:"由于中日矛盾成为主要的矛盾、国内矛盾降到次要和服从的地位而产生的国际关系和国内阶级关系的变化,形成了目前形势的新的发展阶段。"[①]《矛盾论》则进一步对这一思想进行了全面

---

① 《毛泽东选集》第1卷,人民出版社1991年版,第252页。

的理论概括和详细发挥。毛泽东指出："在复杂事物的发展过程中,有许多矛盾存在,其中必有一种是主要的矛盾,由于它的存在和发展规定或影响其他矛盾的存在和发展。"①

这个矛盾就是主要矛盾。

"由此可知,任何过程如果有多数矛盾存在的话,其中必定有一种是主要的,起着领导的、决定的作用,其他则处于次要和服从的地位。因此,研究任何过程,如果是存在着两个以上矛盾的复杂过程的话,就要用全力找出它的主要矛盾。捉住了这个主要矛盾,一切问题就迎刃而解了。"②

毛泽东由此直指和批评许多学问家和实践家,由于不懂得抓主要矛盾的方法,结果如堕烟海,找不到问题的中心,也找不到解决矛盾的方法。在抓主要矛盾这一方面,恩格斯和列宁在实践中曾经体现了这一观点。恩格斯说:"为了达到伟大的目标和团结,为此所必需的千百万大军应当时刻牢记主要的东西,不因那些无谓的吹毛求疵而迷失方向。"③列宁指出:"政治事态总是非常错综复杂的。它好比一条链子。你要抓住整条链子,就

---

① 《毛泽东选集》第1卷,人民出版社1991年版,第320页。
② 《毛泽东选集》第1卷,人民出版社1991年版,第322页。
③ 《马克思恩格斯全集》第38卷,人民出版社1972年版,第274页。

必须抓住主要环节。"[①] 当然，主要矛盾和非主要矛盾并非一成不变，事物的各种矛盾是互相联系、互相制约和互相作用的，而"相互作用消除了一切绝对的首要性和次要性"[②]。

在多种复杂的矛盾体系中，不能平衡地加以对待，必须把它们区分为主要矛盾和非主要矛盾；而在任何一种事物的矛盾内部，又存在着矛盾的主要方面和非主要方面的区别，两个方面同样不能平均地加以看待。毛泽东指出："无论什么矛盾，矛盾的诸方面，其发展是不平衡的。……矛盾着的两方面中，必有一方面是主要的，他方面是次要的。其主要的方面，即所谓矛盾起主导作用的方面。事物的性质，主要地是由取得支配地位的矛盾的主要方面所规定的。"[③]

"然而这种情形不是固定的，矛盾的主要方面与非主要的方面互相转化着，在矛盾发展的一定程度或一定阶段上，主要方面属于甲方，非主要方面属于乙方；到了另一发展阶段或另一发展过程时，就互易其位置，这是依靠事物发展中矛盾双方斗争的力量的增减程度来决

[①]《列宁选集》第43卷，人民出版社2017年版，第111页。
[②]《马克思恩格斯全集》第20卷，人民出版社1971年版，第506页。
[③]《毛泽东选集》第1卷，人民出版社1991年版，第322页。

定的。"[1]

毛泽东从事物内部矛盾着的两个方面的矛盾和斗争及其相互转换中,阐明了宇宙间一切事物新陈代谢的普遍规律:"新陈代谢是宇宙间普遍的永远不可抵抗的规律。依事物本身的性质和条件,经过不同的飞跃形式,一事物转化为他事物,就是新陈代谢的过程。任何事物的内部都有其新旧两个方面的矛盾,形成为一系列的曲折的斗争。斗争的结果,新的方面由小变大,上升为支配的东西;旧的方面则由大变小,变成逐步归于灭亡的东西。而一当新的方面对于旧的方面取得支配地位的时候,旧事物的性质就变化为新事物的性质。由此可见,事物的性质主要地是由取得支配地位的矛盾的主要方面所规定的。取得支配地位的矛盾的主要方面起了变化,事物的性质也就随着起变化。"[2]

毛泽东列举了世界历史、中国历史特别是中国革命实践中的大量案例,考察和论述了研究主要矛盾和矛盾的主要方面的重要意义。他指出,在研究矛盾特殊性的问题中,如果不研究上述两种矛盾情况的差别性,就将陷入抽象的研究,就不能具体问题具体分析,也就找不

---

[1]《毛泽东选集》第1卷,人民出版社1991年版,第322—323页。
[2]《毛泽东选集》第1卷,人民出版社1991年版,第323页。

到解决矛盾的正确方法。

"在研究矛盾特殊性的问题中,如果不研究过程中主要的矛盾和非主要的矛盾以及矛盾之主要的方面和非主要的方面这两种情形,也就是说不研究这两种矛盾情况的差别性,那就将陷入抽象的研究,不能具体地懂得矛盾的情况,因而也就不能找出解决矛盾的正确的方法。这两种矛盾情况的差别性或特殊性,都是矛盾力量的不平衡性。世界上没有绝对地平衡发展的东西,我们必须反对平衡论,或均衡论。同时,这种具体的矛盾状况,以及矛盾的主要方面和非主要方面在发展过程中的变化,正是表现出新事物代替旧事物的力量。对于矛盾的各种不平衡情况的研究,对于主要的矛盾和非主要的矛盾、主要的矛盾方面和非主要的矛盾方面的研究,成为革命政党正确地决定其政治上和军事上的战略战术方针的重要方法之一,是一切共产党人都应当注意的。"[1]

毛泽东对主要矛盾和主要矛盾方面的原理的论述与中国革命的方法论有机地贯通在一起,既超越了前人,又独具特色,从而对马克思列宁主义同时代人关于马克思主义哲学的理解和阐释,深化和发展了矛盾特殊性原理,在理论与实践的结合上对马克思列宁主义辩证法作

---

[1]《毛泽东选集》第1卷,人民出版社1991年版,第326—327页。

出了新的独特的重大贡献。

毛泽东作为中国共产党人的政治领袖，把哲学智慧、哲学创造与领导中国人民进行革命的伟大实践有机地联系和贯通在一起，从马克思列宁主义的革命的能动的认识论和唯物辩证法的意义上对中国革命和战争的一系列重大问题进行战略思考、擘画、设计和部署，创制了一整套中国革命的世界观方法论的科学体系，实现了马克思主义哲学中国化的伟大飞跃。从这个意义上说，毛泽东的《实践论》《矛盾论》既是科学的唯物论、能动的认识论和唯物的辩证法，也是历史的唯物论和辩证法，更是中国共产党人领导中国革命的方法论和实践哲学。

6. 详细地阐述了矛盾同一性和斗争性的原理

同一性和斗争性是一切矛盾都具有的两个基本属性，是反映矛盾诸方面相互关系的两个基本的哲学范畴。

在辩证法发展史上，中外古代哲学家都曾直观地、朴素地认识到矛盾的对立面的互相联系和互相转化，但自觉地论述矛盾的对立面具有同一性的人则是黑格尔。他反对在对立中看不到同一，把对立双方绝对对立起来、割裂开来的形而上学，认为对立的每一方都已含着它的对方、规定着对方,辩证思维的本性"在于从对立面的统一中把握对立面"[①]。恩格斯在《反杜林论》等著作中,对矛盾的同一性和斗争性做过精辟的论述,他说:"某种对立的两极,例如正和负,既是彼此不可分离的,又是彼此对立的,而且不管它们如何对立,它们总是互相渗透的。"[②]"对立的两极都向自己的对立面转化。"[③]列宁对矛盾的同一性和斗争性问题有过许多重要论述,他把辩证法定义为关于研究对立同一的学说。他说:"辩证法是一种学说,它研究对立面怎样才能够同一,是怎样(怎样成为)同一的——在什么条件下它们是互相转化而同一的,为什么人的头脑不应该把这些对立面看作僵死的、凝固的东西,而应该看作活生生的、有条件的、活动的、互相转化的东西。"[④]列宁特别注意对立面互相转化的问题,他认为:"不仅是对立面的统一,而且是每个规定、质、特征、方面、特性向每个他者[向自己的对立面]的过渡。"[⑤]他还明确提出"对立面的统一(一致、同一、同等作用)是有条件的、暂时

[①] [德]黑格尔:《逻辑学》(上卷),商务印书馆1966年版,第39页。
[②] 《马克思恩格斯选集》第3卷,人民出版社2012年版,第792页。
[③] 《马克思恩格斯选集》第3卷,人民出版社2012年版,第467页。
[④] 《列宁全集》第55卷,人民出版社2017年版,第90页。
[⑤] 《列宁选集》第2卷,人民出版社2012年版,第412页

的、易逝的、相对的。互相排斥的对立面的斗争则是绝对的，正如发展、运动是绝对的一样"①。列宁的这些思想极大地丰富了关于矛盾对立同一的学说，但列宁对自己的思想没有加以详细论证和展开。

毛泽东在吸收列宁的认识成果和总结中国革命经验的基础上，具体地阐明和发挥了矛盾同一性和斗争性及其相互关系的原理。毛泽东明确把矛盾同一性的科学含义概括如下："同一性、统一性、一致性、互相渗透、互相贯通、互相依赖（或依存）、互相联结或互相合作，这些不同的名词都是一个意思，说的是如下两种情形：第一、事物发展过程中的每一种矛盾的两个方面，各以和它对立着的方面为自己存在的前提，双方共处于一个统一体中；第二、矛盾着的双方，依据一定的条件，各向着其相反的方面转化。这些就是所谓同一性。"②

"一切矛盾着的东西，互相联系着，不但在一定条件之下共处于一个统一体中，而且在一定条件之下互相转化，这就是矛盾的同一性的全部意义。"③

毛泽东在说明矛盾同一性的双方互为存在的条件，共处于一个统一体中的同时，还特别强调矛盾着的事物

---

① 《列宁选集》第2卷，人民出版社2012年版，第557页。
② 《毛泽东选集》第1卷，人民出版社1991年版，第327页。
③ 《毛泽东选集》第1卷，人民出版社1991年版，第330页。

第三章 《矛盾论》解读

的互相转化。因为只有矛盾双方的相互转化，旧事物才能灭亡，新事物才会产生。

"然而单说了矛盾双方互为存在的条件，双方之间有同一性，因而能够共处于一个统一体中，这样就够了吗？还不够。事情不是矛盾双方互相依存就完了，更重要的，还在于矛盾着的事物的互相转化。这就是说，事物内部矛盾着的两方面，因为一定的条件而各向着和自己相反的方面转化了去，向着它的对立方面所处的地位转化了去。这就是矛盾的同一性的第二种意义。"[1]

但转化需要一定的条件，不论中国还是外国，古代哲学家们一般都没有注意到对立面之间互相转化的条件，所以这种古代的辩证法难以同诡辩论、相对主义划清界限。列宁曾指出："马克思主义辩证法的基本原理是：自然界和社会中的一切界限都是有条件的和可变动的，没有任何一种现象不能在一定条件下转化为自己的对立面。"[2] 在《矛盾论》中，毛泽东高度重视对条件性的研究，并列举了自然界、人类社会特别是中国革命中的大量事例，对矛盾双方相互转化的条件性进行论证和说明。

---

[1]《毛泽东选集》第 1 卷，人民出版社 1991 年版，第 328 页。
[2]《列宁全集》第 28 卷，人民出版社 2017 年版，第 5 页。

"两个相反的东西中间有同一性,所以二者能够共处于一个统一体中,又能够互相转化,这是说的条件性,即是说在一定条件之下,矛盾的东西能够统一起来,又能够互相转化;无此一定条件,就不能成为矛盾,不能共居,也不能转化。"[1] 由于一定的条件才构成了矛盾的同一性,所以说同一性是有条件的、相对的。

战争与和平是互相转化的。"战争转化为和平,例如第一次世界大战转化为战后的和平,中国的内战现在也停止了,出现了国内的和平。和平转化为战争,例如一九二七年的国共合作转化为战争,现在的世界和平局面也可能转化为第二次世界大战。为什么是这样?因为在阶级社会中战争与和平这样矛盾着的事物,在一定条件下具备着同一性。"[2]

"为什么鸡蛋能够转化为鸡子,而石头不能够转化为鸡子呢?为什么战争与和平有同一性,而战争与石头却没有同一性呢?为什么人能生人不能生出其他的东西呢?没有别的,就是因为矛盾的同一性要在一定的必要的条件之下。缺乏一定的必要的条件,就没有任何的同一性。"[3]

---

[1]《毛泽东选集》第1卷,人民出版社1991年版,第333页。
[2]《毛泽东选集》第1卷,人民出版社1991年版,第329—330页。
[3]《毛泽东选集》第1卷,人民出版社1991年版,第331页。

第三章 《矛盾论》解读

毛泽东认为,唯物辩证法所讲的矛盾是现实的、具体的矛盾;它所讲的转化都是在一定条件下构成的,并不是那种主观想象的、幻想的矛盾和转化。离开了一定的必要的条件,就不可能成为现实的、具体的矛盾,就不能成为矛盾同一性。这种思想无疑是发展了恩格斯关于"真实的具体的同一性"与"抽象的同一性"的相互对立的观点,划清了唯物主义辩证法和唯心主义辩证法的矛盾转化论的界限。就矛盾的斗争性来说,《矛盾论》在全面继承列宁思想的基础上,着重阐明了斗争的形式问题。毛泽东指出,矛盾的两个方面相互对立、相互排斥、相互否定就是矛盾的斗争性。

毛泽东阐明了列宁关于对立的同一性和斗争性及其相互关系观点的具体含义,认为:"一切过程都有始有终,一切过程都转化为它们的对立物。一切过程的常住性是相对的,但是一种过程转化为他种过程的这种变动性则是绝对的。"[1]

矛盾着的事物的运动状态,无论是量变还是质变,都是由矛盾的斗争性引起的:"无论什么事物的运动都采取两种状态,相对地静止的状态和显著地变动的状态。两种状态的运动都是由事物内部包含的两个矛盾着

---
[1]《毛泽东选集》第1卷,人民出版社1991年版,第332页。

的因素互相斗争所引起的。当着事物的运动在第一种状态的时候，它只有数量的变化，没有性质的变化，所以显出好似静止的面貌。当着事物的运动在第二种状态的时候，它已由第一种状态中的数量的变化达到了某一个最高点，引起了统一物的分解，发生了性质的变化，所以显出显著地变化的面貌。我们在日常生活中所看见的统一、团结、联合、调和、均势、相持、僵局、静止、有常、平衡、凝聚、吸引等等，都是事物处在量变状态中所显现的面貌。而统一物的分解，团结、联合、调和、均势、相持、僵局、静止、有常、平衡、凝聚、吸引等等状态的破坏，变到相反的状态，便都是事物在质变状态中、在一种过程过渡到他种过程的变化中所显现的面貌。事物总是不断地由第一种状态转化为第二种状态，而矛盾的斗争则存在于两种状态中，并经过第二种状态而达到矛盾的解决。"①

毛泽东强调，矛盾的斗争性作为一个有广泛含义的哲学概念，与政治上的斗争概念是不能混同的。毛泽东根据列宁关于不能把运动限于某种斗争形式和需要，而要用历史的态度来考察斗争形式的思想，把斗争形式区分为对抗与非对抗两大类，并对其做了科学的规定，阐

---

① 《毛泽东选集》第1卷，人民出版社1991年版，第332页。

第三章 《矛盾论》解读

明了这种区分的重要性及其意义。"在阶级社会中,革命和革命战争是不可避免的,舍此不能完成社会发展的飞跃"[1],但是,"对抗是矛盾斗争的一种形式,而不是矛盾斗争的一切形式"[2]。不能到处套用。列宁首次提出了对抗和矛盾不是一回事,他说:"对抗和矛盾断然不同,在社会主义下对抗将会消失,矛盾仍将存在。"[3]毛泽东把对抗在矛盾中的地位特别提出来,大大发挥了列宁的思想。毛泽东指出:"矛盾和斗争是普遍的、绝对的,但是解决矛盾的方法,即斗争的形式,则因矛盾的性质不同而不相同。有些矛盾具有公开的对抗性,有些矛盾则不是这样。根据事物的具体发展,有些矛盾是由原来还非对抗性的,而发展成为对抗性的;也有些矛盾则由原来是对抗性的,而发展成为非对抗性的。"[4]

此外,毛泽东还提出了对抗性矛盾和非对抗性矛盾可以互相转化。毛泽东两类不同性质的矛盾学说,为马克思主义关于矛盾问题的理论宝库增添了新的财富。

那么,矛盾的同一性和斗争性的关系是什么呢?

---

[1]《毛泽东选集》第1卷,人民出版社1991年版,第334页。
[2]《毛泽东选集》第1卷,人民出版社1991年版,第334页。
[3][苏]列宁:《对布哈林"过渡时期的经济"一书的评论》,人民出版社1958年版,第13页。
[4]《毛泽东选集》第1卷,人民出版社1991年版,第335页。

《实践论》《矛盾论》研读

在《矛盾论》中,毛泽东还发挥了列宁关于同一性是相对的、而斗争性是绝对的原理,从两个方面具体研究了矛盾同一性和斗争性的关系。一方面,两者是同时存在、紧密结合的矛盾的两种本质属性。"斗争性即寓于同一性之中,没有斗争性就没有同一性"[1]。另一方面,同一性是有条件的、相对的,斗争性是无条件的、绝对的。毛泽东认为同一性之所以是相对的,包括两层意思:首先,同一性是暂时的。[2] 其次,同一性是有条件的。就是说,"缺乏一定的必要的条件,就没有任何的同一性"。[3] "由于一定的条件才构成了矛盾的同一性,所以说同一性是有条件的、相对的。"[4] 斗争性之所以是绝对的,因为"矛盾的斗争贯串于过程的始终,并使一过程向着他过程转化,矛盾的斗争无所不在,所以说矛盾的斗争性是无条件的、绝对的"[5]。在毛泽东看来,如果把同一性看作是绝对的,就会陷入僵死的、凝固的形而上学;如果把对立面的斗争看作是相对的,就会陷入轻视斗争的矛盾调和论。因而,毛泽东强调指出:"有

---

[1]《毛泽东选集》第1卷,人民出版社1991年版,第333页。
[2]《毛泽东选集》第1卷,人民出版社1991年版,第332页。
[3]《毛泽东选集》第1卷,人民出版社1991年版,第331页。
[4]《毛泽东选集》第1卷,人民出版社1991年版,第333页。
[5]《毛泽东选集》第1卷,人民出版社1991年版,第333页。

条件的相对的同一性和无条件的绝对的斗争性相结合，构成了一切事物的矛盾运动。"①"一切事物中包含的矛盾方面的相互依赖和相互斗争，决定一切事物的生命，推动一切事物的发展。"②毛泽东把矛盾的同一性与斗争性及其相互之后的矛盾法则与对社会历史问题和社会革命的深刻分析贯通起来，体现了唯物辩证法与历史唯物论、哲学世界观方法论与社会革命实践的有机统一，深刻展示了毛泽东创作和讲演《矛盾论》的批判的革命的理论动机："只有现在的和历史上的反动的统治阶级以及为他们服务的形而上学，不是把对立的事物当作生动的、有条件的、可变动的、互相转化的东西去看，而是当作死的、凝固的东西去看，并且当作错误的看法到处宣传，迷惑人民群众，以达到其统治的目的。共产党人的任务就在于揭露反动派和形而上学的错误思想，宣传事物的本来的辩证法，促成事物的转化，达到革命的目的。"③

日本学者松村一人高度评价毛泽东的《矛盾论》，认为它在马克思主义哲学史上的理论贡献主要有以下几个方面："第一，毛泽东第一次提出了'多数矛盾'的

---
①《毛泽东选集》第1卷，人民出版社1991年版，第333页。
②《毛泽东选集》第1卷，人民出版社1991年版，第305页。
③《毛泽东选集》第1卷，人民出版社1991年版，第330页。

思想，并以其为出发点，从中国的实际出发，全面地论述了矛盾的特殊性，强调不同性质的矛盾要用不同性质的方法解决，给马克思主义辩证法宝库增添了新的财富；第二，矛盾辩证法的创造性在于把探究矛盾特殊性的方法具体化。……；第三，用矛盾辩证法阐述的根本矛盾和阶段性，是哲学的一个创新。根本矛盾是有关整个过程的问题，它决定过程的本质，而主要矛盾是有关过程的各个阶段的问题；第四，阐明了矛盾的主要方面的意义在于进一步证明事物向新的方面转化的本质。此外，矛盾辩证法对矛盾的主要方面及其转化、矛盾诸方面的同一性和斗争性、对抗在矛盾中的地位的论述等，都具有重要的理论意义。"[①]

马克思说："任何真正的哲学都是自己时代的精神上的精华。"[②]《矛盾论》就是中国共产党领导中国人民进行的中国革命的伟大历史运动的哲学逻辑和理论形态。它是毛泽东从哲学和理论上对我们党领导的两次革命战争经验教训的深刻总结，是我们党反对主观主义特别是反对"左"倾教条主义斗争的巨大理论成果。《矛盾论》是积淀着、表征着现代中国革命的实践经验和中

[①] 尚庆飞：《国外毛泽东学研究》，江苏人民出版社2008年版，第271—272页。

[②]《马克思恩格斯全集》第1卷，人民出版社1995年版，第220页。

第三章 《矛盾论》解读

国共产党人思想智慧的哲学著作,因此它不但是毛泽东哲学思想达到成熟化和系统化的显著标志,而且还以中国革命的丰富历史内容和特有新鲜经验,充实、丰富和发展了马克思列宁主义的矛盾辩证法思想,卓越地体现了理论与实践相统一的马克思主义的基本原则,是把革命的理论与实践创造性地融为一体的光辉典范,是把历史经验和革命经验提升为哲学逻辑和理论形态的经典性尝试,在马克思主义哲学史上作出了新的独特而伟大的贡献。

毛泽东的《矛盾论》把马克思列宁主义的唯物辩证法创造性地运用到中国革命的具体实践中,在理论与实践的统一上深刻而又生动地体现了科学的唯物辩证法与革命的历史唯物论的内在结合,体现了哲学智慧与实践智慧的相互贯通。

二、两种宇宙观

两种宇宙观的对立是哲学史上带有基础性意义的重大问题。在《矛盾论》第一部分,毛泽东开门见山地指出:"在人类的认识史中,从来就有关于宇宙发展法则的两种见解,一种是形而上学的见解,一种是辩证法的见解,形成了互相对立的两种宇宙观。列宁说:'对于发展(进化)所持的两种基本的(或两种可能的?或两种在历史上常见的?)观点是:(一)认为发展是减少和增加,是重复;(二)认为发展是对立的统一(统一物分成为两个互相排斥的对立,而两个对立又互相关联着)。'列宁说的就是这两种不同的宇宙观。"[①]

宇宙观即世界观。哲学就是理论化、系统化的世界观,是关于世界观的理论体系。世界观所涉及的问题,不只是关于世界的某一方面或某一局部,而是人们对整个世界最普遍问题的根本观点和看法。

宇宙观或世界观的第一个问题是:世界的本原是什么,是物质的还是精神的?对这个问题的不同回答,形

[①]《毛泽东选集》第1卷,人民出版社1991年版,第300页。

成了唯物主义同唯心主义的根本对立。这就是哲学的党性。凡是承认物质第一性、精神第二性，认为世界的本原是物质，意识是物质派生的，属于唯物主义。反之，便是唯心主义。那还有没有第三种宇宙观呢？表面上看是有的，即所谓折中论或二元论。这种宇宙观企图调和唯物论和唯心论，建立所谓不偏不党的哲学。但这种哲学不是唯物论原理占优势，就是唯心论原理占优势，自身不能成为一贯的哲学。所以，归根究底，宇宙观只有唯心主义和唯物主义两个党派。[1]

除此之外，哲学世界观问题中还包含着这样一个重要内容，即世界处于什么状态？是否处于普遍联系之中？是否是发展的？如果是发展的，又是如何发展的？发展的动力是什么？对这个问题的不同回答，则是区分辩证法和形而上学的标准。辩证法的观点是，世界上的事物是普遍联系和永恒发展的，矛盾是事物发展的源泉；形而上学的观点则认为，世界上一切事物都是彼此孤立和静止的，否认事物发展的根本原因在于事物自身的矛盾性。

所以毛泽东说："一讲哲学，就少不了这两个对

---

[1] 李达著、汪信砚编：《〈实践论〉〈矛盾论〉解说》，人民出版社 2019 年版，第68页。

子。"① 即唯物主义和唯心主义、辩证法和形而上学的对立。客观世界本身是普遍联系和运动发展的物质世界，只有既唯物又辩证地认识世界，才符合世界的本来面貌，才是科学的世界观。世界观和方法论是统一的，人们怎样去看待世界，就是世界观；用这种根本观点来分析问题和解决问题，就是方法论。因此一般来说，有什么样的世界观就有什么样的方法论，一定的方法论总是体现了一定的世界观。

《矛盾论》对两种宇宙观根本对立的历史做了简明扼要的回顾，并强调辩证法和形而上学的对立，总是同唯物主义与唯心主义的斗争交织在一起的，辩证法或形而上学不是同唯物主义结合，就是同唯心主义结合，而辩证法和形而上学的对立和斗争在一定程度上也作用于唯物主义同唯心主义的斗争。毛泽东指出，形而上学的思想，无论在中国还是在欧洲，在很长一段时间里，属于唯心论的宇宙观，并在人们的思想中占了统治的地位。在欧洲，资产阶级初期的唯物论，也是形而上学的。自从马克思主义唯物辩证法的宇宙观诞生之后，资产阶级除了坚持唯心论外，还以庸俗进化论来对抗唯物辩证法。

---

① 《毛泽东文集》第7卷，人民出版社1999年版，第193页。

第三章 《矛盾论》解读

毛泽东把辩证法和形而上学看作两种根本对立的宇宙观，这是他研究和实际运用辩证法的出发点，也是他对辩证法学说的新建树。他明确指出，无产阶级的哲学世界观是"马克思主义的唯物辩证法的宇宙观"，表明这种哲学是一个严密的科学思想体系，它对世界总的看法既是唯物主义的，又是辩证法的，是二者高度的有机统一，同时也就是世界观和方法论的有机统一。这种统一不是主观的，可有可无的，而是由客观世界本身所决定的，是马克思主义哲学的内在要求。因此，无产阶级为了正确地认识世界和改造世界，不仅要反对唯心主义，而且要反对形而上学。辩证法脱离了唯物主义会受到歪曲，唯物主义离开了辩证法，就不能贯彻到底。这不仅是《矛盾论》，而且是毛泽东整个哲学思想的一个基本观点。

1. 两种宇宙观的基本特征

毛泽东在指明了辩证法和形而上学是两种根本对立的宇宙观后，依据列宁关于对立统一规律是辩证法的核心的思想，剖析了辩证法和形而上学的基本特征。

"所谓形而上学的或庸俗进化论的宇宙观，就是用孤立的、静止的和片面的观点去看世界。这种宇宙观把世界一切事物,一切事物的形态和种类,都看成是永远彼此孤立和永远不变化的。如果说有变化,也只是数量的增减和场所的变更。而这种增减和变更的原因,不在事物的内部而在事物的外部,即是由于外力的推动。"①

这段话包含着三个层次,分析和阐明了形而上学的基本特征:第一,用孤立的、静止的、片面的观点看世界;第二,只承认量变,否认质变;第三,把事物变化的原因归于外力的推动。

唯物辩证法认为,世界上没有什么事物是绝对孤立的,任何事物只有在一定的联系中才能存在和发展。事物的普遍联系是不以人的意志为转移的客观世界的本性。所谓"联系",从哲学上讲,是指一切事物之间以及事物内部诸要素之间的相互依赖、相互影响、相互制约和相互作用。因此,要真正地认识事物,就必须把握、研究它的一切方面、一切联系和中介,而这就要求必须反对以孤立的、片面的观点看事物和问题的思想方法。

物质世界不仅是普遍联系的,而且是变化发展的。因为事物之间的相互联系表现为它们之间的相互作用,这种相互作用必然使它们的原有状态或性质发生变化,

---

①《毛泽东选集》第1卷,人民出版社1991年版,第300页。

这种变化的总趋势表现为前进上升性的发展。任何一个具体事物都有发生、发展和灭亡的历史，而整个物质世界的发展则是永恒的、无始无终的，从这个意义上说，唯物辩证法又是"最完备最深刻最无片面性的关于发展的学说"①。因此，要正确地认识世界，就必须反对静止、僵化和死板的观点，要使自己的思想随着实际情况的变化发展而前进。与辩证法普遍联系和无限发展的观点相反，形而上学则以孤立的、静止的、片面的观点认识世界。如果说孤立、片面、静止的观点是形而上学第一层次的基本特征，那么只承认事物有量的变化，否认有质的变化，则是形而上学第二层次的基本特征。

"形而上学家认为，世界上各种不同事物和事物的特性，从它们一开始存在的时候就是如此。后来的变化，不过是数量上的扩大或缩小。他们认为一种事物永远只能反复地产生为同样的事物，而不能变化为另一种不同的事物。在形而上学家看来，资本主义的剥削，资本主义的竞争，资本主义社会的个人主义思想等，就是在古代的奴隶社会里，甚至在原始社会里，都可以找得出来，而且会要永远不变地存在下去。"②

---

① 《列宁全集》第23卷，人民出版社2017年版，第45页。
② 《毛泽东选集》第1卷，人民出版社1991年版，第300—301页。

《实践论》《矛盾论》研读

在剖析了形而上学宇宙观第一层次和第二层次的基本特征之后,《矛盾论》指出,这种宇宙观最深层次的根本特征或者说要害,还在于否认事物内部的矛盾运动是事物变化发展的根本原因,而将事物发展的动因归诸"外力的推动"。

"和形而上学的宇宙观相反,唯物辩证法的宇宙观主张从事物的内部、从一事物对他事物的关系去研究事物的发展,即把事物的发展看做是事物内部的必然的自己的运动,而每一事物的运动都和它的周围其他事物互相联系着和互相影响着。事物发展的根本原因,不是在事物的外部而是在事物的内部,在于事物内部的矛盾性。任何事物内部都有这种矛盾性,因此引起了事物的运动和发展。事物内部的这种矛盾性是事物发展的根本原因,一事物和他事物的相互联系和相互影响是事物发展的第二位的原因。"[1]

这段话有两层意思:其一,是强调唯物辩证法主张事物因内部矛盾引起发展;其二,是唯物辩证法并不排除外部原因,因为世界上任何事物都不是孤立存在的。也就是说,每一事物都处于内部矛盾和外部矛盾的交互作用之中,它的运动、变化和发展都是内因和外因共同

---

[1]《毛泽东选集》第1卷,人民出版社1991年版,第301页。

作用的结果。①

这涉及事物发展的动力和源泉问题。也正是在这个根本问题上,毛泽东系统地阐述了唯物辩证法关于对立统一规律即矛盾规律的哲学理论,从根本上阐明了形而上学宇宙观的错误,捍卫并且发展了唯物辩证法的宇宙观。

2. 对立统一规律是辩证法的核心

毛泽东之所以把自己关于唯物辩证法的论著取名为《矛盾论》,是因为他深刻地把握了这样一个深刻的哲学思想:事物的矛盾法则,即对立统一的法则,是唯物辩证法的最根本的法则。那么为什么说对立统一规律是唯物辩证法的核心呢?

首先,对立统一规律揭示了事物联系的内容和发展的源泉。

我们知道,辩证法是关于联系和发展的学说。那么,联系的实质和内容是什么呢?归根到底是一种既对立又统一的联系,正是这种矛盾关系使事物在一定条件下相互转化,构成了客观世界的普遍联系。事物之间

---

①《毛泽东选集》第1卷,人民出版社1991年版,第301页。

和事物内部既对立又统一的联系，就是客观世界普遍联系的根本内容和实质。普遍联系为什么推动着事物的形成变化和发展呢？因为事物内部的矛盾，即事物内部既对立又统一的联系，构成事物发展的源泉。谈到辩证法和形而上学两种宇宙观的对立，归根到底必须回答"事物为什么会发展"这个最重要的问题，因此它成为两种宇宙观对立的焦点。形而上学把事物的运动和发展看成是外力推动的结果，这种观点不仅最终会否定联系和发展，而且会导致唯心主义或神学的创世说。辩证法把"主要的注意力正是放在认识'自己'运动的泉源上"[1]，认为发展是事物矛盾两个方面的对立统一，从而正确地反映了世界自己运动发展的生动图景。在马克思主义哲学以前，黑格尔曾专门研究过对立统一规律，他认为"一切事物自身都是矛盾的"[2]，"矛盾则是一切运动和生命力的源泉；事物只因为自身具有矛盾，它才会运动，才具有动力和活动"[3]。马克思和恩格斯批判地吸取了黑格尔的"合理内核"，创立了唯物辩证法。

其次，对立统一规律是理解唯物辩证法其他规律和范畴的一把钥匙。

---

[1]《列宁全集》第55卷，人民出版社2017年版，第306页。
[2]［德］黑格尔：《逻辑学》(下卷)，商务印书馆1976年版，第65页。
[3]［德］黑格尔：《逻辑学》(下卷)，商务印书馆1976年版，第66页。

辩证法发展观的内容是十分丰富的，它要求科学地揭示事物发展的形式、趋势和动力。一方面，质量互变规律揭示了事物发展的形态或形式，指出事物的发展是在量变和质变的互相交替中实现的；另一方面，否定之否定规律则揭示了事物发展的总体趋势，指出事物发展是一个螺旋式上升或波浪式前进的过程。但如果进一步追问，事物发展中为什么会有质变和量变？为什么会有否定之否定的过程？其根本原因只有到事物内部的矛盾运动中去寻找。因此质量互变规律、否定之否定规律只有用对立统一规律才能加以说明。此外，辩证法还有一系列的范畴，如原因和结果、必然和偶然、内容和形式、本质和现象、可能和现实等，它们所反映的是客观世界的某一方面的联系，这些也都是对立统一的关系。因此，也只有把握对立统一规律这把钥匙，才能真正理解这些范畴的意义，抓住它们的核心或实质。

最后，把握对立统一规律是认识事物、处理矛盾和解决问题的根本方法。

列宁在研究对立统一规律时，曾指出："形而上学唯物主义的根本缺陷就是不能把辩证法应用于反映论，应用于认识的过程和发展。"并且批评普列汉诺夫不懂得"辩证法也就是（黑格尔和）马克思主义的认识论"①。

毛泽东非常重视列宁的上述思想,在《矛盾论》中,他认为辩证法既是宇宙观又是方法论。说它是宇宙观,是因为客观的物质世界原本就是充满矛盾并发展变化的;说它是方法论,是因为只有用这样的宇宙观反过来认识世界并指导革命工作,才能获得成功,才能发挥辩证法宇宙观的功能。辩证法的宇宙观,主要是教导人们要善于去观察和分析各种事物的矛盾运动,并根据这种分析,指出解决矛盾的方法。所谓分析矛盾,就是认识世界;所谓解决矛盾,就是改造世界。可见,《矛盾论》既着眼于从宇宙观的高度来剖析辩证法和形而上学,又坚持世界观和方法论的统一,这也是《矛盾论》的重要理论特点之一。

3. 对内因和外因关系的精辟论述

毛泽东在阐述形而上学和辩证法两种不同的、对立的宇宙观的基础上,详细阐明了事物发展的内因和外因及其相互关系。

"事物内部的这种矛盾性是事物发展的根本原因,

---

① 《列宁全集》第55卷,人民出版社2017年版,第308页。

一事物和他事物的互相联系和互相影响则是事物发展的第二位的原因。这样，唯物辩证法就有力地反对了形而上学的机械唯物论和庸俗进化论的外因论或被动论。这是清楚的，单纯的外部原因只能引起事物的机械的运动，即范围的大小，数量的增减，不能说明事物何以有性质上的千差万别及其互相变化。事实上，即使是外力推动的机械运动，也要通过事物内部的矛盾性。"[1]

因为内部矛盾是事物存在的最深刻的基础，是一事物区别于其他事物的内在本质；内部矛盾是事物自己运动的源泉，规定着事物的性质和发展的方向。事实证明，无论是自然界的变化，还是社会的发展，主要是由于它们的内部矛盾引起的。但可能有人会问，根据牛顿的惯性定律，如果没有外力的作用就不能引起物体机械运动状态的变化。在这里似乎外因是第一位的了。其实不然。物体机械运动状态的变化，外力的推动固然是不可缺少的条件，但是该物体在外力的作用下究竟发生什么状态的变化，最终还是要取决于它自身的质量和状态等内因。就是说内因仍然是第一位的原因。正是由于辩证法坚持内因是根据的观点，才有力地反驳了形而上学的外因论和被动论，才能正确地认识客观世界的本来面

---

[1]《毛泽东选集》第1卷，人民出版社1991年版，第301—302页。

貌和内部规律。

那么，坚持唯物辩证法是否意味着排除外部原因呢？不，不但不排除，而且还非常重视。

"按照唯物辩证法的观点，自然界的变化，主要地是由于自然界内部矛盾的发展。社会的变化，主要地是由于社会内部矛盾的发展，即生产力和生产关系的矛盾，阶级之间的矛盾，新旧之间的矛盾，由于这些矛盾的发展，推动了社会的前进，推动了新旧社会的代谢。唯物辩证法是否排除外部的原因呢？并不排除。唯物辩证法认为外因是变化的条件，内因是变化的根据，外因通过内因而起作用。"[1]

唯物辩证法认为外因是事物发展变化的条件和第二位的原因，外因只能通过内因起作用。事物发展的根本动因，固然存在于事物的内部，但内部矛盾运动不可能是封闭的，而是必须具备一定的外部条件，在这些外部条件的制约和作用下，使事物的运动和发展呈现出特定的形式，并表现出外部条件对事物发展所起的加速或延缓的作用。外部条件，有时还会直接影响到事物的性质和发展状态，尤其是当与事物发展相对立的外部力量超过事物发展的内在力量的时候，事物的正常的发展甚至

---

[1]《毛泽东选集》第一卷，人民出版社1991年版，第302页。

可能发生夭折。例如，孵小鸡需要适当的温度，温度超过一定的限度，无论是过低或过高，鸡蛋都不可能孵出小鸡，甚至会破坏其生命。可见，外因也是重要的、不可忽视的。

但是，不论外因的作用多大，都只能通过内因才能对事物的发展发生作用。我们很容易理解，无论温度如何适当，只能使鸡蛋而不能使石头孵出小鸡来，因为只有鸡蛋才具备孵出小鸡的内在根据。所以，外因论是错误的，因为它把事物的外部条件视为事物发展的根本原因。同样，孤立地强调内因的作用，否认外因的作用也是错误的，因为这种观点割裂了内因和外因的辩证关系，否认了事物之间的普遍联系。另外，由于整个物质世界的无限广大，由于事物联系得极其复杂，内因和外因的区分也是相对的，在一定场合和一定条件下是内因，在另一场合和另一条件下则为外因。反之亦然。

现代系统论认为，世界上任何事物都是作为一个系统，即作为一个相对独立的统一整体而存在和发展的。系统具有整体性、结构性和层次性，这些都是事物内部矛盾所具有的特性，同时，系统运动还具有开放性，即系统与其周围环境的相互关系，环境是任何系统存在和发展所不可或缺的重要条件。系统作为整体来说，其内部的各个子系统都是内部因素；而从子系统来说，一个子系统对另一个子系统的影响和作用，则是一种外部的因素或条件。现代系统论的这些思想，都是唯物辩证法关于内因和外因辩证关系的科学佐证。从哲学发展来看，毛泽东的论述既反对了形而上学的外因论，又克服了否认外因作用的片面性观点。强调外因通过内因起作用的思想，丰富和发展了先哲关于事物自己运动、自我发展的思想。

《矛盾论》根据内因和外因辩证关系的基本原理，强调结合中国革命的经验教训，强调"一个政党要引导革命到胜利，必须依靠自己政治路线的正确和组织上的巩固"[1]。毛泽东无论是在中华人民共和国成立前的革命时期，还是在成立后的社会主义建设时期，都一再强调实行自力更生为主与争取外援为辅的方针的重大意义。我们完全可以这样说，这一方针是以毛泽东为代表的中国共产党人把马列主义普遍真理和中国革命具体实践相结合而得出的一个独创性的科学结论，是毛泽东思想的一个基本观点。今天我们进行社会主义建设和改革开放，同样要继续贯彻这一基本方针，中国的事情要按照中国的情况来办，要依靠中国人民自己的力量来办。独立自主，自力更生，无论过去、现在还是将来，都是

---

[1]《毛泽东选集》第1卷，人民出版社1991年版，第303页。

我们的基本立足点。但是，独立自主不是闭关自守，自力更生更不是盲目排外。因此，一方面我们要坚持独立自主，自力更生，把建设社会主义放在自己力量的基础上，另一方面又不能将自己孤立在世界之外，拒绝外援和学习外国的长处，这就要实行对外开放。

《实践论》《矛盾论》研读

三、矛盾的普遍性

在"两种宇宙观"一节中,毛泽东已经清楚地指明了两种宇宙观的根本对立,集中表现在对待矛盾法则的不同态度上。为了对矛盾法则进行更深入的分析,也为了叙述的方便起见,《矛盾论》做了如下的构思:先阐明矛盾的普遍性,再阐发矛盾的特殊性。在深入论述矛盾的普遍性之前,我们先来了解一下什么是矛盾,什么是辩证矛盾。

1. 辩证矛盾的含义

"矛盾"一词在中国哲学史上,最初是指思维或语言中的逻辑矛盾。《韩非子》中记载了这样一个故事:楚国有一个卖兵器者,为了推销自己的商品,一方面吹嘘他的矛如何如何锋利,"吾矛之利,于物无不陷也",意思是他的矛是无坚不摧的;另一方面又吹嘘自己的盾是如何如何坚固,"吾盾之坚,物莫能陷也",说它经得起任何兵器的进攻。这时有人问道:"以子之矛陷子之盾,何如?"如果用你的矛来击你的盾,结果会如何呢？商人张口结舌，顿时语塞，众人则哄堂大笑。所谓"以子之矛，攻子之盾"，讲的就是这样一种逻辑上的矛盾现象，意指一个人不能自圆其说。从此"矛盾"就被人们用来表示互相抵触的情况。在形式逻辑中有一条基本定律，叫作同一律，其基本内容是：在同一思维（即对同一对象的同一方面的思维）过程中，任何一个思想（概念或判断）其自身是同一的，逻辑公式表示为"A是A"。同一律要求思维具有确定性，违反同一律就会犯混淆概念或偷换概念的逻辑错误。与同一律相关，形式逻辑中还有一条矛盾律，其基本内容是，在同一思维过程中，具有不相容关系的两个命题，不可能同时都是真的。逻辑公式表示为"A不是非A"。前文《韩非子》中的那则寓言，巧妙地表达了同一律和矛盾律的逻辑要求，尖锐地提出了自相矛盾的命题不合逻辑。

形式逻辑的同一律和矛盾律，作为思维规则是重要的，违反它就不能保证思维的确定性，就会产生思想混乱和逻辑错误。但同一律和矛盾律只是反映了事物的相对静止状态，它不能反映事物和思想的发展变化。

在《矛盾论》中，毛泽东将形式逻辑矛盾与辩证矛盾做了严格区分。不允许思维活动前后发生逻辑矛盾是一回事；承认客观事物内部包含着矛盾，则是另外一回事。所谓辩证矛盾就是相对于形式逻辑中的矛盾而言的，是指对立面的统一，即指客观事物之间和事物内部各要素之间的既相互对立又相互统一，既相互排斥又相互吸引的关系。在我国古代哲学中，"阴阳"可能是最古老的矛盾概念。在欧洲哲学史上，赫拉克利特首次提出对立面的斗争和统一的学说，认为统一物是由两个对立面组成的，对立面的斗争是事物生存和发展的动力。列宁因此强调应当"恰如其分地把赫拉克利特作为辩证法的奠基人之一"[1]。黑格尔第一次以唯心主义方式表达了矛盾即对立统一的思想，强调"矛盾这一规定"应该用"'一切事物本身都自在地是矛盾的'这一命题来包括和表达，……这个命题比其他命题更加能表述事物的真理和本质"[2]，"矛盾是推动整个世界的原则"[3]，"矛盾是一切运动和生命力的根源；事物只因为自身具有矛盾，它才会运动，才具有动力和活动"[4]，并且明确地规定了矛盾的基本内涵："既对立而又统一，这就是矛盾。"[5] 马克思主义唯物辩证法沿用了这一定义，即认为矛盾是对立面的统一。所谓对立面的统一，用我们中国的成语来

---

[1]《列宁全集》第38卷，人民出版社1959年版，第390页。
[2] [德]黑格尔：《逻辑学》(下卷)，商务印书馆1976年版，第65页。
[3] [德]黑格尔：《小逻辑》，商务印书馆1980年版，第258页。
[4] [德]黑格尔：《逻辑学》(下卷)，商务印书馆1976年版，第68页。
[5] [德]黑格尔：《美学》第1卷，商务印书馆1979年版，第154页。

说，就是"相反相成"。统一（同一）是以差别和对立为前提的，反过来，任何差别和对立又总是相统一（同一）、相联结的。辩证法的矛盾，就是特指反映事物内部或事物之间的对立和统一关系的哲学范畴。

2. 矛盾普遍性的含义

（1）矛盾的普遍性与客观性

毛泽东的辩证矛盾观，其本质特征是强调全面把握事物矛盾的对立统一，这首先表现为提出矛盾普遍性的原理，揭示矛盾普遍性的内涵。

毛泽东对矛盾问题的认识始自青年甚至更早的少年时代，对国家前途命运的强烈关注和忧患意识，对社会不公的批判意识和民间疾苦的深切同情，特别是他反抗政治黑暗和痛恨一切压迫的叛逆精神，以及广泛涉猎和大量阅读古今中外书籍的开阔眼界，逐渐孕育和形成了观察深刻社会问题、立志改造中国与世界的宏伟抱负，等等，所有这一切都奠基了他从矛盾的角度思考社会、国家和人民的思想基础。这是他在青年时代曾经列举阴阳、上下、大小、喜悲、彼此、人己、好恶、正反、洁污、美丑等现象并加以发挥，认识到"一切事物皆由差别比较而现"，认识到世界的进化和发展是由普遍存在的矛盾所致，也就是说他已经将世界的发展与矛盾联系起来思考了。在毛泽东转变为马克思主义者，特别是走上中国共产党的最高领导岗位以后，随着中国社会矛盾的复杂状况和中国革命艰难复杂的历程认识的不断深化和处理事关战争与革命等一系列重大的实践经验，更是加深了毛泽东对矛盾普遍性问题的理性认识，革命斗争的丰富经验更使他意识到从哲学上总结这个问题的重要性和必要性。《矛盾论》对矛盾普遍性的理论论述，正是毛泽东长期思考和研究这个问题的重大哲学成果。

毛泽东指出，矛盾是自然界、人类社会、认识领域普遍存在的现象，"没有什么事物是不包含矛盾的，没有矛盾就没有世界"[①]。为此，他引用了大量例证，从实证科学的角度论证了矛盾的普遍性。在他的大量引证中，一部分是被恩格斯、列宁引用过的，一部分则来自他自己对矛盾普遍性问题的认识。值得注意的是，他特别注意运用辩证法来分析党内的问题，指出党内不同思想的对立和斗争，是社会阶级矛盾、新旧事物之间的矛盾在党内的反映，党内如果没有矛盾，没有解决矛盾的思想斗争，党的生命也就停止了。

《矛盾论》对矛盾普遍性的阐发和论证，内在地包

---

① 《毛泽东选集》第1卷，人民出版社1991年版，第305页。

含着这样一个重要的和基本的观点，即主观世界中的矛盾现象，其最终根源存在于客观世界的矛盾运动中。

"人的概念的每一差异，都应把它看作是客观矛盾的反映。客观矛盾反映入主观的思想，组成了概念的矛盾运动，推动了思想的发展，不断地解决了人们的思想问题。"①

这个观点强调了不以人的意志为转移的客观矛盾的普遍存在，因此辩证法所讲的矛盾，正如列宁所说，应当是"实际生活中的实际矛盾，即辩证的矛盾；而不是字面上的、臆造出来的矛盾"②。列宁的这一思想，充分体现了辩证法和唯物主义的高度统一。

毛泽东对矛盾普遍性概念的阐释和规定简明扼要，他明确指出："矛盾的普遍性或绝对性这个问题有两方面的意义。其一是说，矛盾存在于一切事物的发展过程中；其二是说，每一事物的发展过程中存在着自始至终的矛盾运动。"③

也就是说，在整个世界中，事事、时时都存在矛盾。矛盾即是事物，即是运动，即是过程。毛泽东关于矛盾普遍性问题的概括和论证，只寥寥数语，却达到了

---

①《毛泽东选集》第1卷，人民出版社1991年版，第306页。
②《列宁选集》第17卷，人民出版社2017年版，第393页。
③《毛泽东选集》第1卷，人民出版社1991年版，第305页。

从最普遍的意义上总结矛盾普遍性的目的,表明了毛泽东深刻把握哲学概念并清晰地表达哲学概念的卓越能力。

马克思主义经典作家实际上已从各个角度提出了矛盾普遍性问题,并对这个问题有过许多论述。从他们的研究成果可以看出,他们已经接近于矛盾普遍性学说的完成,但是并没有明确提出矛盾普遍性概念,更不可能围绕这个概念进行完整的论述。《矛盾论》明确提出矛盾普遍性概念,并从内涵和外延的结合上,对这一概念进行理论界定,使这个概念最普遍地概括了世界的矛盾性,从而在前人特别是马克思、恩格斯、列宁理论成果的基础上,揭示了矛盾这一宇宙间一切事物的普遍本质。

(2)"差异就是矛盾"

毛泽东在《矛盾论》中对矛盾普遍性的哲学阐述,不仅阐明了矛盾普遍地存在,存在于一切事物、一切过程中,而且也花了较多笔墨来研究这样一个问题:每一过程的开始阶段,是否也有矛盾存在呢?是否每一事物的发展过程自始至终都存在着矛盾运动呢?在这个问题上,苏联哲学家德波林在《哲学与马克思主义》中,这样阐释:"当一切必然的发展阶段——从单纯的同一,经过差别和对立,到达于极端的矛盾——都经过之后,'解决矛盾'的时期就到来了。"言中之意是矛盾不是一开始就存在的,而是要等到过程发展到一定阶段时才出现。[①]

毛泽东批评了德波林的错误,进而作出了"差异就是矛盾"的著名论断。针对德波林学派的观点,毛泽东责问道,如果认为矛盾不是一开始就出现,须待过程发展到一定阶段才出现,那么在这以前过程发展的原因是什么呢?根据德波林的观点,只能得出这样的结论,即过程发展的原因不在事物内部,而在外部。这样德波林就陷入了形而上学的外因论和机械论。显而易见德波林的这种见解是错误的。

"他们不知道世界上的每一差异中就已经包含着矛盾,差异就是矛盾。劳资之间,从两阶级发生的时候起,就是互相矛盾的,仅仅还没有激化而已。工农之间,即使在苏联的社会条件下,也有差异,它们的差异就是矛盾,仅仅不会激化成为对抗,不取阶级斗争的形态,不同于劳资间的矛盾;它们在社会主义建设中形成巩固的联盟,并在由社会主义走向共产主义的发展过程中逐渐地解决这个矛盾。这是矛盾的差别性的问题,不是矛盾的有无的问题。矛盾是普遍的、绝对的,存在于

[①] 李达著、汪信砚编:《〈实践论〉〈矛盾论〉解说》,人民出版社2019年版,第68页。

事物发展的一切过程中,又贯串于一切过程的始终。"[1]

这里已经包含着毛泽东在中华人民共和国成立以后提出的社会主义社会矛盾学说的理论胚芽。《矛盾论》是1937年8月写成的,就在这段时间里,由于苏联完成了生产资料所有制的社会主义改造,斯大林不再承认苏联社会存在着矛盾,接着斯大林又把"在共同性基础上的苏联社会在道义上和政治上的一致",说成是社会主义发展的动力。如果我们将毛泽东的观点与斯大林的看法做一番比较,那么就更能看出毛泽东关于矛盾普遍性思想的更加地自觉、彻底和深邃之所在。

毛泽东关于"差异就是矛盾"的哲学命题,曾招来国外有些学者的批评和责难。日本学者三浦友和认为,将差异和矛盾同等看待,是因为毛泽东忽视了同一,不能正确地把握矛盾的本质;苏联学者布洛夫则进一步认为,毛泽东将外在的不同和差异等同于矛盾,表明还没有克服朴素辩证法的局限性。他们讲得对不对呢?答案是否定的。这是因为,首先,毛泽东的"差异",并不否定或排斥同一,是指矛盾双方未分化、对立不明显的状况,在这种情况下,事物同一的性质比较明显,而斗争的性质还较为隐蔽。但"月晕而风,础润而雨",这

---

[1]《毛泽东选集》第1卷,人民出版社1991年版,第307页。

种同一，不是无差别的同一，而是已内在地包含着差异，并且规定了事物的矛盾趋向。也正是在这一意义上，毛泽东将差异视作矛盾的初发阶段，认为差异就是矛盾。[1]

3. 矛盾分析法是科学方法

矛盾是客观世界特别是人类社会普遍存在的现象，它们正确地反映到人的主观世界，就有了观念辩证法。如何运用辩证思维方法，正确认识我们客观世界特别是现代社会呢？《矛盾论》指出，矛盾分析方法是认识事物发展的根本方法。马克思的《资本论》就是矛盾分析法的典范。

事物发展过程存在着自始至终的矛盾运动，列宁指出马克思在《资本论》中模范地作了这样的分析。这是研究任何事物发展过程所必须应用的方法。列宁自己也正确地应用了它，贯彻于他的全部著作中。"马克思在《资本论》中，首先分析的是资产阶级社会（商品社会）里最简单的、最普通的、最基本的、最常见的、最

---

[1] 余源培、夏耕：《辩证法故乡的哲学新葩——毛泽东的〈矛盾论〉》，云南人民出版社1992年版，第82页。

平常的、碰到亿万次的关系——商品交换。这一分析在这个最简单的现象之中（资产阶级社会的这个'细胞'之中）暴露了现代社会的一切矛盾（以及一切矛盾的胚芽）。往后的叙述又向我们表明了这些矛盾和这个社会各个部分总和的自始至终的发展（增长与运动两者）。"列宁说了上面的话之后，接着说道："这应该是一般辩证法的……叙述（以及研究）方法。"①

毛泽东特别重视矛盾分析方法的实践意义，强调它对中国共产党人领导中国革命走向胜利具有重大意义："中国共产党人必须学会这个方法，才能正确地分析中国革命的历史和现状，并推断革命的将来。"②只有自觉地树立起矛盾观念，科学地运用矛盾分析方法，才能正确地认识事物的辩证矛盾及其特点，认识事物的本质和规律，才能正确地认识中国社会，把握中国革命未来发展的方向，科学地预见中国革命和中国社会的未来。

---

① 《毛泽东选集》第1卷，人民出版社1991年版，第307—308页。
② 《毛泽东选集》第1卷，人民出版社1991年版，第308页。

四、矛盾的特殊性

在马克思主义哲学史上,毛泽东第一个明确提出矛盾普遍性概念,他的全部著作充满了辩证法精神,具有强烈的、自觉的矛盾意识。不过,《矛盾论》以更多的篇幅来阐述的,却是矛盾的特殊性问题。而且更加重要的是,毛泽东从矛盾普遍性和矛盾特殊性辩证统一的相互关系上,阐明了矛盾问题的精髓,形成了独树一帜的矛盾特殊性理论,并把矛盾特殊性理论和具体问题具体分析有机地贯通在一起,作为考察中国革命的特殊性和批判"左"倾教条主义的强大思想武器,为发展马克思主义哲学的科学性、革命性和批判性的有机统一作出了突出而杰出的贡献。

1. 矛盾特殊性的含义

矛盾存在于一切事物的发展过程中,贯穿于每一事物发展过程的始终,这是矛盾的普遍性。那么,什么是矛盾的特殊性呢?矛盾的特殊性是表示事物矛盾的差别性和个性的哲学范畴,不同的事物有不同的矛盾,以及矛盾的每一个侧面各有其特点。

《矛盾论》对矛盾特殊性原理的系统论述，首先是对矛盾特殊性的种种表现作出了科学的概括，指出矛盾特殊性的表现形式是复杂多样的：每个不同的事物都有其自身特殊的矛盾；同一事物在其发展的不同过程和阶段上的矛盾，各有其特殊性；不同的矛盾在事物发展过程中的地位和作用，各有自己的特点；每一矛盾内部的对立双方在事物发展过程中的地位和作用，也各有其特点；解决矛盾的形式由于矛盾性质的不同也表现出特殊性。这一切都是矛盾特殊性或个性的表现，都反映了矛盾的具体性、差别性。

产生矛盾特殊性的原因主要有三个方面：首先，是矛盾的复杂性。现实存在着的事物都不是由单一的矛盾构成的，而是一个由多种矛盾构成的矛盾系统。对于复杂程度不同的矛盾系统，都有其特殊的本质，这些特殊的本质根源于特殊的矛盾。其次，是事物发展过程的阶段性。一个比较复杂的事物，它的发展总要经过一定的发展过程或若干的发展阶段。区分这些不同性质的过程或阶段的基础，就是它们各自所包含的特殊矛盾。最后，是矛盾发展的不平衡性。一方面，事物发展过程中不同的矛盾之间是不平衡的，表现为主要矛盾和次要矛盾；另一方面，每一矛盾内部的对立双方之间也是不平衡的，表现为矛盾的主要方面和矛盾的次要方面。研究和认识矛盾的特殊性，对于深刻地理解对立统一规律，特别是对于在中国革命的实践中正确地运用对立统一规律，具有头等重要的意义。

运用马克思列宁主义的世界观方法论指导和解决中国革命走向胜利，是毛泽东创作《矛盾论》的深刻思想动机。在系统论述矛盾特殊性原理时，毛泽东反复强调认识矛盾特殊性的重要性，并紧紧围绕着如何分析矛盾的特殊性与中国革命的具体实践相结合这一中心问题来展开。下面我们就着重从这两方面的阐述中去领会矛盾特殊性原理及其重要意义。

2. 理解矛盾特殊性的重要意义

（1）构成事物特殊本质的根据

人们认识事物，主要的就是要透过现象把握事物的本质。那么，本质是由什么决定的呢？它是由事物内部的特殊矛盾构成的。每一种自然或社会现象，每一思想形式的背后均有其特殊的矛盾，它们也都有自己特殊的本质。科学研究的区分，就是以科学对象所具有的矛盾特殊性为根据的，也就是说，对某一事物所特有的矛盾状况的研究，就形成了关于某一对象的科学。本质决定现象,从这个意义上说,本质又是事物外部表现形态的根据。所谓根据,指的就是决定事物存在、发展的内部原因,即事物内部的特殊矛盾,是事物运动的源泉。如果不认识矛盾的普遍性,固然就无从发现客观事物运动发展的普遍原因或普遍根据;而不研究矛盾的特殊性,就无从确定一事物不同于他事物的特殊本质,无从发现具体事物运动发展的特殊原因或特殊根据,也就无法区分和辨认事物,无法区分不同事物矛盾的不同的结构、形式和特性,从而不能说明事物何以有性质上的千差万别和时空上的千变万化。

毛泽东在哲学理论上特别重视并深入研究矛盾特殊性的深刻动机,是出于引领中国共产党人科学地认识、理解和把握中国革命的实际需要。面对着中国社会复杂的矛盾结构和曲折的矛盾运动,面对着教条主义对中国革命一再造成严重危害的党内问题,毛泽东早在《中国社会各阶级的分析》中,就非常重视分析中国革命产生和发展的特殊根据。毛泽东强调矛盾的特殊性,是现代中国革命血的经验教训的总结,是现代中国革命经验的哲学升华。《矛盾论》对矛盾特殊性作出了哲学概括,指明它是"构成一事物区别于他事物的特殊的本质"[1],

---

[1]《毛泽东选集》第1卷,人民出版社1991年版,第309页。

是"世界上诸种事物所以有千差万别的内在的原因，或者叫做根据"[1]。蕴含于这一哲学概括中的深层动机和内在灵魂是：中国共产党人只有下大气力深刻认识现代中国革命的矛盾的特殊性，而不是去背诵和照搬马克思列宁主义的原理和词句，才能真正把握中国革命的本质，探索出中国革命取得胜利的理论根据。

（2）认识发展的正常秩序

毛泽东依据特殊矛盾是事物特殊本质的根据这一原理，进一步从人类认识运动的角度，阐明了认识矛盾特殊性的重要性。

"就人类认识运动的秩序说来，总是由认识个别的和特殊的事物，逐步地扩大到认识一般的事物。人们总是首先认识了许多不同事物的特殊的本质，然后才有可能更进一步地进行概括工作，认识诸种事物的共同的本质。当着人们已经认识了这种共同的本质以后，就以这种共同的认识为指导，继续地向着尚未研究过的或者尚未深入地研究过的各种具体的事物进行研究，找出其特殊的本质，这样才可以补充、丰富和发展这种共同的本质的认识，而使这种共同的本质的认识不致变成枯槁的和僵死的东西。这是两个认识的过程：一个是由特殊到

---

[1]《毛泽东选集》第1卷，人民出版社1991年版，第309页。

一般,一个是由一般到特殊。人类的认识总是这样循环往复地进行的,而每一次的循环(只要是严格地按照科学的方法)都可能使人类的认识提高一步,使人类的认识不断地深化。"[1]

毛泽东在这里特别加以强调的是,认识事物矛盾的特殊性,才是科学地、深入地认识事物的基础。不了解事物矛盾的特殊性,就无从认识事物。当然,这并不是说普遍的或一般的认识不重要,而是强调要想概括诸种事物的共同本质,取得对事物一般规律的认识,必须从认识许多不同事物的特殊本质开始。在取得一般的认识后,还要在进一步认识特殊本质的过程中,丰富和深化对一般的认识。可见,没有对矛盾的特殊性的认识,就不可能有科学的一般的认识。唯物主义的认识路线是从物到感觉和思想,即遵循着"客观—主观—客观"和"实践—认识—实践"的总秩序进行和发展的,这与"特殊——般—特殊"的过程是同步进行并完全一致的。客观存在的事物,都是由特殊矛盾决定其本质的事物,是具体的事物,而作为认识基础的社会实践,也总是具体的特殊的。毛泽东所揭示的"特殊——般—特殊"的认识秩序,高度体现了认识的辩证法和认识的唯物论的

---

[1]《毛泽东选集》第1卷,人民出版社1991年版,第309—310页。

有机统一。

中国共产党内的教条主义者拒绝对具体事物和事物的特殊矛盾做艰苦细致的考察、研究和分析。

他们把马克思主义的普遍原理当作解决具体问题的现成结论,当作教条,当作适用于一切地点、时间、条件的信条,因此,马克思主义学说在他们那里,始终是空洞的、抽象的公式。同时,由于他们从普遍的、一般的学说出发,违背并且颠倒了从个别、特殊到一般,又从一般到个别、特殊的认识真理的正常秩序,因此他们的认识总是同中国革命的具体实际不相符合,当然也就无法揭示中国社会矛盾的特殊性,无法把握中国革命的特殊规律。正如毛泽东在揭露这种形而上学思想方法的特征时所指出的那样:"我们的教条主义者在这个问题上的错误,就是,一方面,不懂得必须研究矛盾的特殊性,认识各别事物的特殊的本质,才有可能充分地认识矛盾的普遍性,充分地认识诸种事物的共同的本质;另一方面,不懂得在我们认识了事物的共同的本质以后,还必须继续研究那些尚未深入地研究过的或者新冒出来的具体的事物。我们的教条主义者是懒汉,他们拒绝对于具体事物做任何艰苦的研究工作,他们把一般真理看成是凭空出现的东西,把它变成为人们所不能够捉摸的纯粹抽象的公式,完全否认了并且颠倒了这个人类认识真理的正常秩序。他们也不懂得人类认识的两个过程的互相联结——由特殊到一般，又由一般到特殊，他们完全不懂得马克思主义的认识论。"[1]

《矛盾论》把从特殊到一般，再从一般到特殊的认识过程概括为"人类认识真理的正常秩序"，实际上是提倡一种科学的认识周期和认识秩序。在这个周期或秩序中，认识的出发点是特殊矛盾，虽然要经过认识矛盾的一般或普遍性这一中间环节或过程，但认识的归宿依然是特殊矛盾。这是毛泽东对认识论的矛盾辩证法的又一大重要贡献。

（3）不同质的矛盾要用不同质的方法去解决

人们认识世界的目的，在于改造世界。《矛盾论》在指出特殊矛盾是事物特殊本质的根据，指出从特殊到一般，再从一般到特殊这一正常的认识秩序后，接着论述了"不同质的矛盾，只有用不同质的方法才能解决"[2]，并强调"用不同的方法去解决不同的矛盾，这是马克思列宁主义者必须严格地遵守的一个原则"[3]。

强调不同质的矛盾，就是为了区别不同的事物，区别不同发展阶段的事物的内在规定性或差异性。既然不

---

[1]《毛泽东选集》第1卷，人民出版社1991年版，第310页。
[2]《毛泽东选集》第1卷，人民出版社1991年版，第311页。
[3]《毛泽东选集》第1卷，人民出版社1991年版，第311页。

第三章 《矛盾论》解读

同质的矛盾是区分不同事物的内在根据,也就必然要求以不同的方法来解决它。

"教条主义者不遵守这个原则,他们不了解诸种革命情况的区别,因而也不了解应当用不同的方法去解决不同的矛盾,而只是千篇一律地使用一种自以为不可改变的公式到处硬套,这就只能使革命遭受挫折,或者将本来做得好的事情弄得很坏。"①

就中国革命应该走什么道路这个问题来说,在无产阶级革命史上,无论是1871年法国的巴黎公社,还是1917年俄国的十月社会主义革命,都是通过城市武装起义夺取政权的。应当承认这是符合这些国家资本主义发展的实际情况的,反映了资本主义国家无产阶级革命的一般规律。但是,是否把这种方式原封不动地照搬到中国,就能解决中国革命的问题呢?对这个问题,共产国际和斯大林也没有正确解决好。斯大林在共产国际执委会中国委员会的会议上,发表《论中国革命的前途》的演说时就认为"不能撇开中国的工业城市而在农村建立苏维埃",只有到"中国工业中心已经冲破堤防而进入成立苏维埃政权的阶段",才能组织农民苏维埃。②甚至到了1940年,共产国际的领导人还在担心所谓中国

---

① 《毛泽东选集》第1卷,人民出版社1991年版,第311页。
② 《斯大林选集》上卷,人民出版社1979年版,第490—491页。

共产党离开工人阶级太远了这样的问题。毛泽东的伟大在于，他从来没有像那些教条主义者那样，而是实事求是地从中国革命的特殊性出发，独立自主地走以农民为主体的中国革命的道路，从来都不把斯大林和共产国际的指令当作圣旨，而是根据中国是一个半殖民地半封建的、政治经济发展极端不平衡的东方农业大国这一特点，解剖中国社会的特殊矛盾及其变化，从而达到对中国革命问题认识上的主观与客观的统一，探索出了工农武装割据，建立农村革命根据地，以农村包围城市，最后夺取城市的革命道路。也正是这一光辉思想使遭受大革命失败的中国共产党重新获得了生机与活力。但党内的教条主义者脱离中国革命的特点，不去深入考察和研究中国革命的特殊性及其规律，而是盲目搬用俄国城市武装起义夺取政权的经验，坚持"城市中心论"，醉心于发动中心城市的武装起义和攻打大城市，指责毛泽东的正确主张为"右倾保守"和"农民意识的地方观念"，结果使革命蒙受了惨痛损失，几乎葬送了中国革命。由此可见，坚持用不同的方法解决不同性质的矛盾这一基本原则，对于中国共产党人认识中国革命的独特性，并用不同于马克思恩格斯设想的、列宁在俄国革命中运用的方法领导和解决中国革命的问题至关重要，关系到中国共产党人和中国革命的生死存亡。

毛泽东在《矛盾论》中，从彼此相关的三个方面，即矛盾特殊性是构成事物特殊本质的根据，是人类认识的起点和归宿，运用不同的方法去解决不同性质的矛盾才能成功地改造世界，强调了认识矛盾特殊性的极端重要性。在对这三个方面的论证过程中，《矛盾论》贯彻了从客观到主观、从认识世界到改造世界，以及理论和实践相结合的原则，从马克思主义哲学的高度分析和考察了中国革命的特点、道路和规律，为中国共产党人如何领导中国革命提供了世界观方法论的依据。毛泽东创造性地运用马克思列宁主义的普遍原理分析和解决中国革命实践问题的方法，不仅是中国革命，而且同样是国际共产主义运动的一个基本经验。

由此可见，把马克思列宁主义关于矛盾的特殊性的理论创造性地运用到考察、分析和解决中国革命的具体的特殊的实践中，由此去探索一条适合于中国革命实践的独特的理论、道路和方法，是毛泽东把马克思列宁主义的唯物的辩证法与中国革命的社会历史观创造性地结合在一起的伟大创造。

3. 怎样把握矛盾的特殊性

人们从书本上理解一个理论观点、一种学说并不难，但真正领会这一理论所蕴含的精神实质并在实践中加以创造性运用才是最困难的事情。就矛盾特殊性理论来说，知道了它的基本内涵和重要意义，它在毛泽东矛盾学说中的重要地位后，还需要有一个进一步加深理解，并真正将它融会贯通在自己认识矛盾、解决矛盾的过程。这个问题实际上就是怎样把握分析矛盾特殊性的思想方法，正确地贯彻以不同的方法解决不同性质的矛盾的原则。

（1）要研究各种事物、各种矛盾的特殊性

辩证唯物主义认为，世界是物质的，运动是物质的根本属性。而从事物的运动来说，"运动本身就是矛盾"[1]。物质世界的运动形式是多种多样的，有机械的、物理的、化学的、生物的和社会的等基本运动形式。它们既互相依存，本质上又互相区别。而"每一物质的运动形式所具有的特殊的本质，为它自己的特殊的矛盾所规定"[2]。简单的机械运动是间断性和连续性的对立统一。复杂的有机生命体的发展成长，除了包含物理的、化学的矛盾外，更是生命本身同化和异化、遗传和变异的矛盾运动的表现。社会的活动，则是在生产力与生产

---

[1]《毛泽东选集》第1卷，人民出版社1991年版，第305页。
[2]《毛泽东选集》第1卷，人民出版社1991年版，第309页。

关系、经济基础与上层建筑的矛盾运动中进行的。人的认识运动，则在不知与知、知之不多不深与知之较多较深，以及正确与错误的矛盾运动中实现的。我们认识事物，就是认识事物的运动形式，而认识事物的运动形式，就在于认识事物运动的特殊矛盾。人类创立并发展分门别类的科学，就是深入研究和把握各种物质运动形式的特殊矛盾的成果。

不仅物质的基本运动形式各有其特殊的矛盾，而且每一基本运动形式中的各种具体的运动形式，其矛盾也各有其特殊性，也要做具体的分析。拿社会运动来说，虽然每一社会形态都包含着社会基本矛盾，即生产力与生产关系、经济基础与上层建筑的矛盾，但它在各个社会形态中却各有特殊的表现。在阶级社会中，社会基本矛盾在本质上是对抗性的，只有通过社会革命才能从根本上解决。而在社会主义社会中，虽仍有阶级存在，但社会基本矛盾则是非对抗性的，可以通过自我调整和自我完善的方法加以解决，这就是社会主义的改革。即使是同一社会形态，在不同的国家或同一个国家的不同的历史时期，其基本矛盾的表现也各不一样。社会制度相同的各个国家之间，由于生产力发展水平不同，社会制度、文化传统、民族风俗等的差别，其社会矛盾也各有其特殊性，不可能是清一色的发展模式。掌握矛盾特殊性原理及其辩证思维方法对人们正确认识世界、合理地改造世界极为重要。

（2）要研究事物发展过程中的矛盾特殊性

物质世界是普遍联系的，又是变化发展的。恩格斯认为，用"过程的集合体"来表达唯物辩证法的发展观是"一个伟大的基本思想"[①]。所谓"过程"，指的是一个事物发生、发展和灭亡的历史。为了正确地认识事物，必须用过程的观点来考察事物。这就必须努力去认识和把握每一过程矛盾的特殊性，以及事物过程中每个发展阶段的矛盾的特殊性。《矛盾论》所阐发的观点，深化和发展了恩格斯关于"过程的集合体"的思想。每一物质运动形式在其发展过程中的特殊本质，是由贯穿于事物发展过程始终的根本矛盾所决定的。毛泽东在《矛盾论》中明确提出"根本矛盾"这一哲学范畴，将它界定为规定事物的根本性质并在事物运动发展的全过程中起支配作用的矛盾。

复杂事物的发展过程常常要经过若干个发展阶段才能完成。因此要认识复杂事物发展过程的特殊矛盾，就要努力分析事物发展过程中各个阶段的矛盾的特殊性。

"事物发展过程的根本矛盾及为此根本矛盾所规定

---

①《马克思恩格斯选集》第 4 卷，人民出版社 2012 年版，第 250 页。

的过程的本质,非到过程完结之日,是不会消灭的;但是物发展的长过程中的各个发展的阶段,情形又往往互相区别。这是因为事物发展过程的根本矛盾的性质和过程的本质虽然没有变化,但是根本矛盾在长过程中的各个发展阶段上采取了逐渐激化的形式。并且,被根本矛盾所规定或影响的许多大小矛盾中,有些是激化了,有些是暂时地或局部地解决了,或者缓和了,又有些是发生了,因此,过程就显出阶段性来。如果人们不去注意事物发展过程中的阶段性,人们就不能适当地处理事物的矛盾。"[①]

列宁正是基于事物发展过程中的根本矛盾有其不同的发展阶段和特殊形态,才深刻地认识到自由竞争时代的资本主义发展为垄断的帝国主义的内在逻辑,创立了帝国主义论,并由此形成了列宁主义这一帝国主义和无产阶级革命时代的马克思主义。

"这时,无产阶级和资产阶级这两个根本矛盾着的阶级的性质和这个社会的资本主义的本质,并没有变化;但是,两阶级的矛盾激化了,独占资本和自由资本之间的矛盾发生了,宗主国和殖民地的矛盾激化了,各资本主义国家间的矛盾即由各国发展不平衡的状态而引

[①]《毛泽东选集》第1卷,人民出版社1991年版,第314页。

起的矛盾特别尖锐地表现出来了,因此形成了资本主义的特殊阶段,形成了帝国主义阶段。列宁主义之所以成为帝国主义和无产阶级革命时代的马克思主义,就是因为列宁和斯大林正确地说明了这些矛盾,并正确地作出了解决这些矛盾的无产阶级革命的理论和策略。"[1]

毛泽东在考察中国革命时,更是非常重视考察和研究各个不同发展阶段的矛盾的特殊性,并由此强调现代中国革命虽然同为民主革命,却由于领导阶级的变化而不同于辛亥革命;而即便是中国共产党领导的革命,由于存在着不同的发展阶段,革命的特点和规律也就呈现出不同的发展面貌。

"拿从辛亥革命开始的中国资产阶级民主革命过程的情形来看,也有了若干特殊阶段。特别是在资产阶级领导时期的革命和在无产阶级领导时期的革命,区别为两个很大不同的历史阶段。这就是:由于无产阶级的领导,根本地改变了革命的面貌,引出了阶级关系的新调度,农民革命的大发动,反帝国主义和反封建主义的革命彻底性,由民主革命转变到社会主义革命的可能性,等等。所有这些,都是在资产阶级领导革命时期不可能出现的。虽然整个过程中根本矛盾的性质,过程之反帝

---

[1]《毛泽东选集》第1卷,人民出版社1991年版,第314页。

反封建的民主革命的性质（其反面是半殖民地半封建的性质），并没有变化，但是，在这长时间中，经过了辛亥革命失败和北洋军阀统治，第一次民族统一战线的建立和一九二四年至一九二七年的革命，统一战线破裂和资产阶级转入反革命，新的军阀战争，土地革命战争，第二次民族统一战线建立和抗日战争等等大事变，二十多年间经过了几个发展阶段。在这些阶段中，包含着有些矛盾激化了（例如土地革命战争和日本侵入东北四省），有些矛盾部分地或暂时地解决了（例如北洋军阀的被消灭，我们没收了地主的土地），有些矛盾重新发生了（例如新军阀之间的斗争，南方各革命根据地丧失后地主又重新收回土地）等等特殊的情形。"[1]

　　正是由于以毛泽东为代表的中国共产党人正确分析和认识中国革命各个阶段矛盾的特殊性以及它们之间的相互联系，所以才能制定出符合各个时期特点和要求的正确的路线、方针、政策和策略，引导中国新民主主义革命的航船驶向胜利的彼岸。研究和把握事物发展过程中的矛盾的特殊性，是人们达到主观和客观、理论和实践、知和行的具体的历史的统一的重要保证，也是防止和克服一切"左"的和右的错误思想的有效途径。在中

---

[1]《毛泽东选集》第1卷，人民出版社1991年版，第314—315页。

国革命实践中，所谓"左"，是指思想超越客观过程的一定发展阶段，超越了事物发展的实际可能性，其中有些是把幻想看作真理，有些则把仅在将来才有可能实现的理想，放到今天来做；所谓右，则是指人们的思想不能随变化了的客观情况和实践要求而前进，看不到矛盾已将客观过程向前推进，认识仍然停留在旧的阶段。今天，我们同样应当克服"左"和右的错误影响，将社会主义建设和社会主义改革开放视为一个历史发展过程，自觉地研究这一过程的根本矛盾，研究它在不同阶段上的特殊表现。只有这样，才能在实践中获得主动权，避免思想或行动落后或超越历史发展阶段的错误。不然，就只能在盲目中摸索，甚至有可能迷失方向，社会主义事业遭受重大损失。

（3）忌带主观性、片面性和表面性

为了正确认识矛盾的特殊性，除了以上两方面外，毛泽东还特别强调："研究问题，忌带主观性、片面性和表面性。所谓主观性，就是不知道客观地看问题，也就是不知道用唯物的观点去看问题。"[1]

毛泽东谆谆告诫人们："不论研究何种矛盾的特性——各个物质运动形式的矛盾，各个运动形式在各个

---

[1]《毛泽东选集》第 1 卷，人民出版社 1991 年版，第 312 页。

第三章 《矛盾论》解读

发展过程中的矛盾，各个发展过程的矛盾的各方面，各个发展过程在其各个发展阶段上的矛盾以及各个发展阶段上的矛盾的各方面，研究所有这些矛盾的特性，都不能带主观随意性，必须对它们实行具体的分析。离开具体的分析，就不能认识任何矛盾的特性。我们必须时刻记得列宁的话：对于具体的事物作具体的分析。"[1]因此，我们应当像马克思、恩格斯、列宁和斯大林那样，对于"应用辩证法到客观现象的研究的时候"，指导人们不要带任何的主观随意性。

"必须从客观的实际运动所包含的具体的条件，去看出这些现象中的具体的矛盾、矛盾各方面的具体的地位以及矛盾的具体的相互关系。我们的教条主义者因为没有这种研究态度，所以弄得一无是处。我们必须以教条主义的失败为鉴戒，学会这种研究态度，舍此没有第二种研究法。"[2]

在这个问题上，客观地看问题与从本质上看问题是一致的。并不是从任何一个事实出发，或抓住事物的任何一个方面就是客观地看问题了。客观性的要求在于把握事物的本质和主流。反对主观随意性，不仅要反对以

---

[1]《毛泽东选集》第1卷，人民出版社1991年版，第317页。
[2]《毛泽东选集》第1卷，人民出版社1991年版，第319页。

主观想象代替客观实在，而且要反对以事物的一些表面现象和个别事例代替本质和全体，这就必须反对思想方法上的片面性和表面性。

"所谓片面性，就是不知道全面地看问题。"[1]片面地看问题，即只看矛盾的一方，不看与之相联系的另一方；只知道过去的一方，不知道现在和将来的一方；只了解局部，不了解全局；简单地肯定或否定一切，对具体情况不做具体分析；等等。片面性是主观性的表现，它不能把握事物矛盾运动的整体和过程，因而不能正确认识矛盾的特殊性。毛泽东在《矛盾论》中，以孙子兵法强调的"知彼知己，百战不殆"以及唐朝魏徵说的"兼听则明，偏信则暗"来告诫人们，要求人们防止片面性，学会全面地看问题。

所谓"表面性，是对矛盾总体和矛盾各方的特点都不去看，否认深入事物里面精细地研究矛盾特点的必要，仅仅站在那里远远地望一望，粗枝大叶地看到一点矛盾的形相，就想动手去解决矛盾（答复问题、解决纠纷、处理工作、指挥战争）。这样的做法，没有不出乱子的"[2]。表面性的一个重要表现，就是简单地按事物的

---
[1]《毛泽东选集》第1卷，人民出版社1991年版，第312页。
[2]《毛泽东选集》第1卷，人民出版社1991年版，第313页。

外部标志、外部特征进行分类，而不是按照事物的内部联系和内在本质进行分析和综合，满足于甲乙丙丁的罗列现象，爱搞形式主义。

毛泽东在分析了教条主义者和经验主义者的形而上学思想方法主观性、片面性和表面性的特征及其危害后，《矛盾论》进一步总结道："片面性、表面性也是主观性，因为一切客观事物本来是互相联系的和具有内部规律的，人们不去如实地反映这些情况，而只是片面地或表面地去看它们，不认识事物的互相联系，不认识事物的内部规律，所以这种方法是主观主义的。"[1]

4. 矛盾问题的精髓

毛泽东的矛盾特殊性理论在他的矛盾学说中占有非常重要的地位，但对致力于马克思主义普遍真理与中国革命具体实践相结合的毛泽东来说，有一个问题更为重要，那就是矛盾普遍性和特殊性的关系问题。

（1）普遍性和特殊性的辩证关系

毛泽东认为，矛盾的普遍性指的是一切事物内在的共同的本质关系。作为这一哲学范畴根本含义的体现，

---

[1]《毛泽东选集》第1卷，人民出版社1991年版，第313—314页。

它也指同一类事物所具有的共同矛盾或共同本质，指矛盾具有共性，绝对性。矛盾的特殊性，是指每一个或每一类事物区别于其他事物或另一类事物的特殊矛盾或特殊本质。正因为具体的矛盾各自特殊，所以形成了矛盾的个性，又由于一切矛盾的特殊性都是在一定条件下存在的，任何个别事物经过千万次的转化而与另一类的个别事物、现象、过程相联系，因此矛盾的特殊性是有条件的、相对的。

那么，《矛盾论》对矛盾普遍性和特殊性的辩证关系，作出了哪些理论概括呢？首先，《矛盾论》指出，每一个事物内部不仅包含着矛盾的特殊性，而且也包含着矛盾的普遍性，普遍性即存在于特殊性之中。"由于特殊的事物是和普遍的事物联结的，由于每一个事物内部不但包含了矛盾的特殊性，而且包含了矛盾的普遍性，普遍性即存在于特殊性之中，所以，当着我们研究一定事物的时候，就应当去发现这两方面及其互相联结，发现一事物内部的特殊性和普遍性的两方面及其互相联结，发现一事物和它以外的许多事物的互相联结。"[1]

比如列宁主义，它所产生的国际环境是帝国主义时代。资本主义诸矛盾充分发展，是这一时代矛盾的普遍

---

[1]《毛泽东选集》第1卷，人民出版社1991年版，第318页。

性，因此列宁主义是帝国主义时代和无产阶级革命时代的马克思主义，具有普遍的意义。但另一方面，列宁主义的故乡是俄国，它又是沙俄帝国主义矛盾特殊性的产物。在此背景下，俄国成了无产阶级革命理论和策略的故乡。可见，在这一特殊性中就包含着矛盾的普遍性。

其次，《矛盾论》指出，既然矛盾的普遍性和特殊性是互相联结、不可分割的，所以人们认识事物，就不能只认识特殊性，不认识普遍性，或者只追求普遍性，而不去认识特殊性。"如果不认识矛盾的普遍性，就无从发现事物运动发展的普遍的原因或普遍的根据；但是，如果不研究矛盾的特殊性，就无从确定一事物不同于他事物的特殊的本质，就无从发现事物运动发展的特殊的原因，或特殊的根据，也就无从辨别事物，无从区分科学研究的领域。"[①]

只有既认识矛盾的特殊性又认识矛盾的普遍性，并且遵循由特殊到一般，再由一般到特殊的人类正常的认识途径，才能准确地、深刻地认识事物，把握事物的本质。

最后，《矛盾论》指出，在矛盾普遍性和特殊性之间没有不可逾越的鸿沟，在一定条件下两者可以相互转

[①]《毛泽东选集》第1卷，人民出版社1991年版，第309页。

化。"由于事物范围的极其广大，发展的无限性，所以，在一定场合为普遍性的东西，而在另一一定场合则变为特殊性。反之，在一定场合为特殊性的东西，而在另一一定场合则变为普遍性。"[1]

例如，资本主义社会的基本矛盾，即生产资料的私人占有和生产的社会性的矛盾，反映了资本主义各国矛盾的普遍性，但是资本主义社会是人类历史一定发展阶段的产物，相对于贯穿整个人类社会发展始终的社会基本矛盾，即生产力和生产关系的矛盾来说，它又是特殊矛盾，具有矛盾的特殊性。生产力和生产关系的矛盾是人类社会普遍存在的矛盾。这个矛盾对整个人类社会、对人类社会发展的各个不同社会形态来说，是普遍性的矛盾，但对整个宇宙来说，又是特殊的矛盾，仅为人类社会这一特殊的物质运动形式所固有。矛盾普遍性和特殊性相互转化的原理表明，任何真理都是具体的，一切都依时间、地点、条件为转移，因此不能把适合一定场合、一定条件下的真理无限夸大，变为一种到处可以套用的公式或教条。

（2）具体分析具体情况是马克思主义活的灵魂

列宁说过，马克思主义活的灵魂，就在于具体分析

---

[1]《毛泽东选集》第1卷，人民出版社1991年版，第318页。

具体情况。毛泽东引用了这一经典论述谆谆告诫正在领导中国革命的中国共产党人,并特别针对中国共产党内的教条主义和经验主义指出:"我们必须时刻记得列宁的话:对于具体的事物作具体的分析。"[1]这不仅是马克思、恩格斯和列宁一贯的思想,也是矛盾精髓问题作为方法论的客观要求。

什么是"具体分析具体情况"这一原则的哲学依据呢?一些人认为是矛盾的特殊性。这种理解确有其道理,但并没有完整地表达出它的全部哲学依据。因为不研究矛盾的特殊性,便无具体可言。正因为这样,《矛盾论》是在论述矛盾特殊性原理时强调这一问题的。但是,毛泽东在论述矛盾特殊性原理时,有一个非常明确的哲学观点上的前提,即特殊性和普遍性的不可分割,"每一个事物内部不但包含了矛盾的特殊性,而且包含了矛盾的普遍性"[2]。毛泽东十分重视并强调在普遍性和特殊性的相互联结上认识事物,并把两者之间的相互关系问题明确地界定为矛盾问题的精髓。毛泽东历来重视分析矛盾的特殊性,在批判教条主义的错误根源时尤其如此。但毛泽东更重视在矛盾的普遍性和特殊性的辩证

---

[1]《毛泽东选集》第1卷,人民出版社1991年版,第317页。
[2]《毛泽东选集》第1卷,人民出版社1991年版,第318页。

关系这一维度上，阐明把马克思主义普遍原理与中国革命具体实践结合起来的根本性意义。因此，我们认为，"具体分析具体情况"这一原则的哲学依据，完整地来看就应当是矛盾普遍性和特殊性的辩证关系的原理。这一原则不是片面强调矛盾的普遍性，也不是孤立地强调矛盾的特殊性，而是强调两者之间的辩证关系，强调从特殊到一般，再从一般到特殊的认识辩证法。这才是问题的关键所在。因此正是在这一意义上，具体地分析具体情况，是以充分认识矛盾普遍性和特殊性辩证关系作为思想前提和认识前提的。[1]

然而在我们的实际工作中，时常发生割裂矛盾普遍性和特殊性辩证关系的错误倾向。在强调马克思主义普遍真理时，容易把马克思主义当作教条式公式，不问实际情况如何而到处机械套用，甚至把适合一时、一事、一地的原理，当作普遍性的东西加以坚持，从而陷入思想僵化；而在思想解放的时代潮流中，又往往容易发生否定马克思主义普遍真理的倾向，离开社会主义的普遍原则来看中国的改革开放，产生资产阶级自由化倾向。这两种错误倾向往往是相通的，从不同侧面违背了矛盾

---

[1] 余源培、夏耕：《辩证法故乡的哲学新葩——毛泽东的〈矛盾论〉》，云南人民出版社1992年版，第129—130页。

普遍性和特殊性相互关系的辩证法则，违背了马克思主义普遍真理与中国具体实际相结合的根本原则，从而也就从根本上违背了作为普遍性与特殊性相统一的中国特色社会主义的基本逻辑。

在我们的实际工作中，还常常会遇到一个工作方法的问题。尤其是在如何贯彻党和国家的路线、方针和政策上，在如何对待个人、集体、国家利益上，更是经常会碰到普遍性和特殊性、共性和个性的关系问题。一些人会在个人利益和小团体利益的驱使下，不顾共同利益强调个人和小团体的利益，搞"上有政策，下有对策""看见红灯绕道走"，甚至"闯红灯"，腐蚀着国民的思想道德肌体，侵蚀着我们的社会文明，贻害着我们的社会主义事业。而当我们纠正这一错误倾向时，又往往会发生由于过度强调普遍性和共性而抹杀特殊性和个性的情况，表现为搞"一刀切""整齐划一""一个声音""削足适履"，这就必然造成以普遍否定特殊、以整体压制个体的现象，个体的自由、权利和尊严由此受到伤害，使我们的社会主义事业陷于僵化乃至停滞，从而失去发展的生机与活力。

正确处理矛盾普遍性与特殊性的辩证关系，要求我们基于事物的共同本质和普遍规律的认识，去指导对个别的和特殊的事物的认识，并在这种认识中丰富和发展

《实践论》《矛盾论》研读

对事物共性的认识。不仅要承认和发现事物的共性，尤其重要的是要研究共性在个性中的特殊表现。当我们强调共性的指导作用时，绝不能拒绝承认和研究事物的特殊性和个性；而在承认和研究事物的特殊性和个性时，绝不能拒绝共性的东西的指导作用。这就要求我们，在矛盾普遍性和特殊性的辩证结合上，坚持具体问题具体分析这一马克思主义的活的灵魂。毛泽东强调指出：

"矛盾的普遍性和矛盾的特殊性的关系，就是矛盾的共性和个性的关系。其共性是矛盾存在于一切过程中，并贯串于一切过程的始终，矛盾即是运动，即是事物，即是过程，也即是思想。否认事物的矛盾就是否认了一切。这是共通的道理，古今中外，概莫能外。所以它是共性，是绝对性。然而这种共性，即包含于一切个性之中，无个性即无共性。假如除去一切个性，还有什么共性呢？因为矛盾的各各特殊，所以造成了个性。一切个性都是有条件地暂时地存在的，所以是相对的。

这一共性个性、绝对相对的道理，是关于事物矛盾的问题的精髓，不懂得它，就等于抛弃了辩证法。"[1]

毛泽东用马克思列宁主义的哲学世界观方法论透视中国革命的逻辑、特点和规律，并把这一问题高度概括

---

[1]《毛泽东选集》第1卷，人民出版社1991年版，第319—320页。

为"矛盾的问题的精髓"。这是对割裂矛盾的普遍性和特殊性的辩证关系，把马克思列宁主义普遍原理作为指导中国革命万应灵药的教条主义的深刻的哲学批判，对中国共产党人领导中国革命取得胜利起了巨大的指导作用。

五、主要矛盾和主要的矛盾方面

在研究矛盾的特殊性时,毛泽东特别提出要注意研究事物矛盾和矛盾双方发展的不平衡性问题。

"在矛盾特殊性的问题中,还有两种情形必须特别地提出来加以分析,这就是主要的矛盾和主要的矛盾方面。"[1]

在复杂的矛盾体系中,有主要矛盾和非主要矛盾之分;而在每一矛盾内部的两个方面中,又有主要的矛盾方面和次要的矛盾方面之分。它们在事物发展过程中所处的地位和作用是不同的,不能平均看待。《矛盾论》指出:"这两种矛盾情况的差别性或特殊性,都是矛盾力量的不平衡性。世界上没有绝对地平衡发展的东西,我们必须反对平衡论,或均衡论。"[2]

在复杂的事物的发展过程中,有许多的矛盾存在,其中必有一种是主要的矛盾,由于它的存在和发展规定或影响着其他矛盾的存在和发展。[3]

---

[1]《毛泽东选集》第1卷,人民出版社1991年版,第320页。
[2]《毛泽东选集》第1卷,人民出版社1991年版,第326页。
[3]《毛泽东选集》第1卷,人民出版社1991年版,第320页。

"任何过程如果有多数矛盾存在的话,其中必定有一种是主要的,起着领导的、决定的作用,其他则处于次要和服从的地位。"[1]

主要矛盾是处于支配地位的、对事物的发展过程起决定作用的矛盾,非主要矛盾则处于从属地位,对事物发展不起决定作用。在资本主义社会中,无产阶级和资产阶级的矛盾是社会的主要矛盾,其他的种种矛盾,例如封建残余和资产阶级的矛盾、农民小资产阶级和资产阶级的矛盾、无产阶级和农民小资产阶级的矛盾等等,则是这一矛盾体系中的非主要矛盾,受无产阶级和资产阶级这一主要矛盾的规定和影响。

主要矛盾和非主要矛盾的关系不是凝固僵死、一成不变的,在一定条件下主次地位会相互易位、相互转化。毛泽东曾结合近现代中国社会矛盾体系不同发展阶段的具体实际,分析了主要矛盾和非主要矛盾的关系及其相互转化所呈现出来的复杂状况:当帝国主义向中国进行直接军事侵略时,民族矛盾便上升为社会的主要矛盾;而原来国内的阶级矛盾,包括封建地主阶级和人民大众这一主要矛盾就退居到次要地位。这时,人民大众反对帝国主义的斗争便成为时代的主要任务。1840年的

---

[1] 《毛泽东选集》第1卷,人民出版社1991年版,第322页。

鸦片战争，1894年的中日战争，1900年的义和团运动，以及当时的抗日战争，都属于这种情况。然而在另一种情况下，矛盾的地位就会发生变化。当帝国主义不是以战争压迫而是以经济、政治、文化等比较温和的形式间接进行压迫，或通过国内的反动势力剥削和压迫人民时，国内的阶级矛盾便上升为主要矛盾，民族矛盾则转化为非主要矛盾，人民大众同国内大地主、买办资产阶级和官僚资产阶级的斗争，就成为这一历史时期的主要斗争。中国的辛亥革命、北伐战争和土地革命战争，都属于这种情况。当帝国主义从台后走到台前，公开和国内的反动势力携起手来，直接镇压民主革命，则反帝反封建便成为主要矛盾，规定和影响着其他矛盾的发展状况。随着主要矛盾的变化，革命也就进入了一个新的阶段。无产阶级政党必须根据形势的变化，及时研究主要矛盾和非主要矛盾的转化，自觉地有准备地将革命斗争推进到新的历史阶段。

在《矛盾论》中，毛泽东阐明了主要矛盾的基本含义，并反复强调认识、把握好抓住主要矛盾的方法论意义："任何过程如果有多数矛盾存在的话，其中，其他必定有一种是主要的，起着领导的、决定的作用，其他则处于次要和服从的地位。因此，研究任何过程，如果是存在着两个以上矛盾的复杂过程的话，就要用全力找出它的主要矛盾。捉住了这个主要矛盾,一切问题就迎刃而解了。"①

不能把事物发展过程中所有的矛盾平均看待,必须把它们区别为主要的和次要的两类,着重于抓住主要的矛盾。可是万千的学问家和实行家,常常不懂得抓主要矛盾的重要性,结果如堕烟海,抓不到中心、重点和关键,当然也就找不到解决矛盾的有效途径和科学方法。

在阐述了主要矛盾问题及其方法论意义之后,毛泽东又阐明了另一种的矛盾不平衡问题,即每一种矛盾内部的两个方面的不平衡或相互关系问题:"在各种矛盾之中,不论是主要的或次要的,矛盾着的两个方面,又是否可以平均看待呢?也是不可以的。无论什么矛盾,矛盾的诸方面,其发展是不平衡的。有时候似乎势均力敌,然而这只是暂时的和相对的情形,基本的形态则是不平衡。矛盾着的两方面中,必有一方面是主要的,另一方面是次要的。其主要的方面,即所谓矛盾起主导作用的方面。事物的性质,主要地是由取得支配地位的矛盾的主要方面所规定的。"②

这就告诉我们,在每一个具体的矛盾统一体内的两

---

① 《毛泽东选集》第1卷,人民出版社1991年版,第322页。
② 《毛泽东选集》第1卷,人民出版社1991年版,第322页。

《实践论》《矛盾论》研读

个方面中,居于支配地位、起主导作用的是矛盾的主要方面,而处于被支配地位的则是矛盾的非主要方面。由于这两方面的相互关系对矛盾的发展具有特殊的意义,因此毛泽东强调指出:"研究事物发展过程中的各个发展阶段上的矛盾的特殊性,不但必须在其联结上、在其总体上去看,而且必须从各个阶段中矛盾的各个方面去看。"[①]

由矛盾发展的不平衡性造成的矛盾的主要方面和矛盾的非主要方面,其关系不是固定不变的,在一定的条件下,"矛盾的主要和非主要的方面互相转化着,事物的性质也就随着起变化"[②]。以中国的情况为例,帝国主义和封建势力在半殖民地半封建的中国处于矛盾的主要方面和主要地位,但是,无产阶级领导的新民主主义革命,经过长期的斗争,打倒了帝国主义和封建势力,变半殖民地半封建的旧中国为民族独立人民解放的新中国,这就实现了矛盾的主要方面和非主要方面的互相转化。另外,如革命力量由小到大,由弱至强的发展,革命中困难条件和顺利条件的相互转化,认识中从无知到有知,从知之不多到知之甚多的转变过程,都说明了在

---

① 《毛泽东选集》第1卷,人民出版社1991年版,第315页。
② 《毛泽东选集》第1卷,人民出版社1991年版,第322页。

一定条件下，矛盾的主要方面和非主要方面会相互转化的道理。

毛泽东针对机械唯物论的观点指出：即使在生产力和生产关系、经济基础和上层建筑、理论和实践等的矛盾关系方面，生产力、经济基础、实践等一般表现为主要的决定作用，谁不承认这一点谁就不是唯物论者；然而在一定条件下，生产关系、上层建筑、理论等这些方面又会反过来表现为主要的决定作用，例如当不变更生产关系便不能发展生产力时，生产关系的变更就起了主要的决定的作用；当不变更上层建筑便不能推动经济基础向前发展时，上层建筑的变更就起了主要的决定的作用；当没有革命的理论就不会有革命的运动时，革命理论的倡导和创立就起了主要的决定的作用。这不是违反唯物论，而是避免机械论、坚持辩证唯物论的必然要求。

毛泽东关于主要矛盾和次要矛盾、矛盾的主要方面和次要方面相互关系的辩证法和科学理论，给予我们最大的启示是：在任何情况下，必须坚持唯物辩证法的"两点论"和"重点论"的统一。所谓"两点论"，就是在研究复杂事物、复杂矛盾的过程中，既要认识主要矛盾，又要认识非主要矛盾，既要抓住矛盾的主要方面，又要注意与之联结的矛盾的非主要方面，两者不可偏废，不可只注意其中的一方，搞"一点论"。同时，又不能将二者均衡看待，要坚持唯物辩证法的"重点论"，注意抓根本矛盾和主要矛盾的解决，着重把握矛盾的主要方面，又要在矛盾的解决过程中，注意重视和研究次要矛盾与矛盾的非主要方面在什么情况、什么条件下能够相互转化的趋势和规律。只有坚持"两点论"和"重点论"的内在的有机统一，才能在认识过程中坚持辩证的思想方法，正确地认识主观世界和客观世界，才能有效地把握和改造主观世界和客观世界，才能真正地改造中国社会和世界历史。毛泽东同志说："对于矛盾的各种不平衡情况的研究，对于主要的矛盾和非主要的矛盾、主要的矛盾方面和非主要的矛盾方面的研究，成为革命政党正确地决定其政治上和军事上的战略战术方针的重要方法之一，是一切共产党人都应当注意的。"[1]

这里有必要强调指出，毛泽东在阐述主要矛盾与次要矛盾、主要的矛盾方面和次要方面及其相互关系问题时，总是把这些矛盾原理或矛盾法则创造性地运用到对世界历史和中国历史发展的趋势和规律中，运用到资产阶级革命、社会主义革命特别是中国新民主主义革命的具体实践的考察和解决中，运用到对中国共产党内各种

---

[1]《毛泽东选集》第1卷，人民出版社1991年版，第326—327页。

错误思想的深入剖析和批判中，从而为中国共产党人领导中国人民进行革命斗争提供方法论指南。从这种意义上说，毛泽东的矛盾论既是唯物的辩证法，又是历史的辩证法，是中国共产党人批判旧世界、走向新世界的历史唯物论，是马克思列宁主义历史观在中国革命实践中的创造性发展。马克思列宁主义哲学的科学性与革命性、唯物辩证法与历史唯物论，在《矛盾论》关于矛盾问题、矛盾法则的深入浅出的精彩阐述中实现了高度自觉的有机统一。

六、矛盾诸方面的同一性和斗争性

毛泽东指出,在阐明和懂得了矛盾的普遍性和特殊性的相互关系这一事物矛盾问题的精髓后,还必须进一步研究矛盾诸方面的同一性和斗争性的相互关系问题。

1. 矛盾的同一性

矛盾的同一性可以用不同的术语来表示,"同一性、统一性、一致性、互相渗透、互相贯通、互相依赖(或依存)、互相联结或互相合作,这些不同的名词都是一个意思"[①],它们具体体现了对立面的相互依存、相互制约、相互贯通、相互渗透和相互转化的关系。

(1) 辩证法和形而上学对同一性的不同理解

在哲学史上,存在着两类性质根本不同的同一性,一类是辩证法的同一性,亦称矛盾的同一性、具体的同一性;另一类是形而上学的同一性、抽象的同一性。

---

① 《毛泽东选集》第1卷,人民出版社1991年版,第327页。

形而上学的同一性主张绝对地看待事物的同一，排除任何差别和对立，因而也就排除了事物内部的矛盾，排除了事物的变化和发展。旧形而上学意义下的同一律是旧世界观的基本原则：A=A。每一个事物和它自身同一。一切都是永久不变的，太阳系、星体、有机体都是如此。我们在前文提到过，同一律作为形式逻辑的一条基本定律，在思维过程中要求保持思维对象的确定性和无矛盾性。但如果把同一律越过形式逻辑的边界加以普遍化和绝对化，从而把它当作一种普遍的宇宙观和基本的方法论，那就会走向反面，导致形而上学的错误。所谓形而上学的同一性，是指否认事物的对立统一，设想事物无矛盾的绝对同一。这种宇宙观停留在事物表面和形式上看待事物的同一，以静止的观点看问题，而不是深入考察事物内部的差异和矛盾，不研究对立面是怎样转化和同一的，事物又是如何运动发展的。它将自然界、人类社会和思维中相对静止的状态完全地纳入形式逻辑的框架中，并无条件地予以普遍化和绝对化，认为事物的同一状态是绝对的、无条件的。

黑格尔最先明确区分了形而上学的抽象的同一性和辩证的具体的同一性。他认为同一是具体的，是包含着本质差别的同一。马克思和恩格斯继承并改造了黑格尔的辩证同一性的思想，并使它立足于唯物主义基础之上，认为任何事物内部，均含有肯定和否定的因素，肯定意味着现存事物的存在，否定则表示在事物肯定存在的因素中，包含着自身走向自己的反面并最后趋于灭亡的趋势。因此辩证法的同一性要求人们在事物的同一和暂存状态中，把握其内部矛盾双方的对立，从事物的对立统一中去认识事物的本质、发展及其规律。

辩证法的同一性与形而上学的同一性的根本差别，在于是否承认同一中包含着对立、差异、斗争，以及事物的对立统一是否将导致矛盾的转化和事物的质变。在马克思主义唯物辩证法中，"同一"这个词并不是"等同"，而是指对立面的统一，是包含差别和矛盾的同一。毛泽东在《矛盾论》中全面继承并发展了马克思列宁主义的矛盾的同一观。

（2）矛盾同一性的基本情况

毛泽东根据马克思、恩格斯、列宁的有关思想，把中国革命的生动的实践经验与深刻的哲学研究相统一，在《矛盾论》中明确具体而深刻地阐释了矛盾同一性的基本内涵，并结合中国革命和社会生活的实际对其进行了全面而系统的论证：第一、事物发展过程中的每一种矛盾的两个方面，各以和它对立着的方面为自己存在的前提，双方共处于一个统一体中；第二、矛盾着的双方，依据一定的条件，各向着其相反的方面转化。[①]"一切矛盾着的东西，互相联系着，不但在一定条件之下共处于一个统一体中，而且在一定条件之下互相转化，这就是矛盾的同一性的全部意义。"[②]

矛盾同一性的第一种情况是指对立面之间的相互依赖，即"矛盾着的各方面，不能孤立地存在"[③]。矛盾的一方必须以另一方为前提，一方的存在和发展必须以另一方的存在和发展为条件。现实生活中一切事物、一切矛盾都是如此。《矛盾论》列举生死、上下、祸福、顺利和困难、地主和佃农、帝国主义和殖民地半殖民地、无产阶级和资产阶级等矛盾对子加以论证，并概括性地指出："一切对立的成分都是这样，因一定的条件，一面互相对立，一面又互相联结、互相贯通、互相渗透、互相依赖，这种性质，叫做同一性。一切矛盾着的方面都因一定条件而具备着不同一性，所有称谓矛盾。然而又具备着同一性，所以相互联结。"[④]就是说，两个不同的事物、方面、属性在一定条件下构成一个矛盾统一体，互为对方存在的前提条件，也就获得了矛盾的同

[①]《毛泽东选集》第1卷，人民出版社1991年版，第327页。
[②]《毛泽东选集》第1卷，人民出版社1991年版，第330页。
[③]《毛泽东选集》第1卷，人民出版社1991年版，第328页。
[④]《毛泽东选集》第1卷，人民出版社1991年版，第328页。

一性。

矛盾同一性的第二种情况是矛盾双方彼此相通,并在一定条件下各向其相反方向转化,即"事物内部矛盾着的两方面,因为一定的条件而各向着和自己相反的方面转化了去,向着它的对立方面所处的地位转化了去,向着它的对立面的方向转化了去"①。在毛泽东看来,较之矛盾同一性的第一种情况,矛盾双方或矛盾着的事物的相互转化更是不可忽视,"事情不是矛盾双方互相依存就完了,更重要的,还在于矛盾着的事物的互相转化"②。毛泽东明确地把对立面的相互转化视为矛盾同一性的更重要的表现,因为他就是用这种唯物辩证法的矛盾转化学说,来分析和观察中国革命实践过程中的矛盾的状况、特点和规律,从而创造性地解决中国革命的实际问题的。与历史上一切统治阶级为了维护自己的反动统治而反对事物的相互转化不同:"共产党人的任务就在于揭露反动派和形而上学的错误思想,宣传事物的本来的辩证法,促成事物的转化,达到革命的目的。"③

为什么相互转化也是同一性呢?因为矛盾双方在一定条件下的相互联系,矛盾着的事物从此一个变为彼一

---

①《毛泽东选集》第1卷,人民出版社1991年版,第328页。
②《毛泽东选集》第1卷,人民出版社1991年版,第328页。
③《毛泽东选集》第1卷,人民出版社1991年版,第330页。

第三章 《矛盾论》解读

个,其间"有一条由此达彼的桥梁,哲学上名之曰同一性,或互相转化、互相渗透"①。比如,通过社会主义革命,被统治的无产阶级转化为统治者,资产阶级则由统治者转化为被统治者,转化到对方原来所占的地位,这就表现了事物由于一定的贯通性而转化为其自身的他物。毛泽东指出:

"为什么鸡蛋能够转化为鸡子,而石头不能够转化为鸡子呢?为什么战争与和平有同一性,而战争与石头却没有同一性呢?为什么人能生人不能生出其他的东西呢?没有别的,就是因为矛盾的同一性要在一定的必要的条件之下。缺乏一定的必要的条件,就没有任何的同一性。"②

而没有相互贯通的矛盾的双方,就无法转化。例如,鸡子不是石头"自己的他物",战争也不是石头"自己的他物",两者不存在矛盾的同一性。矛盾着的事物由此达彼,反映了矛盾双方一定条件下的相互联系,包含着矛盾双方的同一性。因此矛盾双方在一定条件下的相互转化,鲜明地表现出矛盾同一性生动的、能动的辩证本性。

---

① 《毛泽东选集》第1卷,人民出版社1991年版,第329页。
② 《毛泽东选集》第1卷,人民出版社1991年版,第331页。

那么,为什么说矛盾着的事物的相互转化,是更重要的同一性呢?因为对立面的转化表现出事物发展进程中的质变,即事物由一种质态向另一种质态的转变,是飞跃,是渐进过程的中断。具体地说,事物矛盾对立面转化的重要意义表现在:第一,量的变化只是事物数量的增减和场所的变更,是一种渐进的、不显著的变化,而不是事物性质的变化,只有对立面的转化才是事物的质变,才能使新事物代替旧事物,才能从根本上引起事物的变化和发展。第二,虽然量变是质变的必要准备,质变是量变的必然结果,但如果没有质变,没有对立面的转化,变化只能是同质事物的重复或增减,量变最终也会局限于旧质的框框而陷于停滞。只有对立面的转化才能打破这一限制,以质变体现出量变的历史性飞跃。这在无产阶级革命中表现得尤为明显。虽然资本主义的发展必然造成它的掘墓人即无产阶级,但如果没有社会革命,没有飞越,就不可能触动资本的统治,就不能从根本性质上改变事物的状态。只有通过无产阶级革命,才能改变无产阶级在资本主义社会中的地位,才能创建社会主义新制度。第三,对立面的转化是通过事物内在的矛盾运动而进行的自我否定,通过自身的否定而实现自己运动自我发展。因此它不仅是事物发展的环节,是从旧质到新质的飞跃,而且是事物联系的环节,是既克服又保留，即"扬弃"。新事物是以吸取、保留并改造旧事物中积极的东西，作为自己生存和发展的基础而形成的。在这一过程中，抛弃的是旧事物中的消极成分和过时的东西，从而使事物在新的基础上得到新的发展。由此可见，是否承认矛盾对立面的相互转化，是区分辩证法和形而上学两种发展观的重要标志之一。

"客观事物中矛盾着的诸方面的统一或同一性，本来不是死的、凝固的，而是生动的、有条件的、可变动的、暂时的、相对的东西，一切矛盾都依一定条件向它们的反面转化着。这种情况，反映在人们的思想里，就成了马克思主义的唯物辩证法的宇宙观。只有现在的和历史上的反动的统治阶级以及为他们服务的形而上学，不是把对立的事物当作生动的、有条件的、可变动的、互相转化的东西去看，而是当作死的、凝固的东西去看，并且把这种错误的看法到处宣传，迷惑人民群众，以达其继续统治的目的。"[1]

为了揭穿和批判这种形而上学的欺骗的宣传，《矛盾论》从理论上强调事物本来的辩证法，强调矛盾双方的积极转化在达到革命目的方面的重要意义。

---

[1]《毛泽东选集》第1卷，人民出版社1991年版，第330页。

（3）具体的同一性和幻想的同一性

在论述同一性原理时，《矛盾论》还提出了一个重要思想，即区分具体的同一性和幻想的同一性。

何谓具体的同一性？

"所谓矛盾在一定条件下的同一性，就是说，我们所说的矛盾乃是现实的矛盾，具体的矛盾，而矛盾的互相转化也是现实的、具体的。"①

这就是说，由现实的矛盾产生的现实的、具体的同一性，是客观的、真实的、有条件的，而不是主观的、虚构的、超越时空的。就此而言，没有现实的条件，就不会有现实的矛盾，也就不可能有现实矛盾双方的相互转化。

至于幻想的同一性，则是脱离或背离客观现实的主观臆想或推断的同一性。对此，《矛盾论》以中国神话故事《山海经》中的"夸父逐日"、《淮南子》中的"羿射九日"、《西游记》中的孙悟空七十二变以及《聊斋志异》中的鬼狐变人等为例加以阐述："这种神话中所说的矛盾的互相变化，乃是无数复杂的现实矛盾的互相变化对于人们所引起的一种幼稚的、想象的、主观幻想的变化，并不是具体的矛盾所表现出来的具体的变

---

① 《毛泽东选集》第1卷，人民出版社1991年版，第330页。

化。……神话并不是根据具体的矛盾之一定的条件而构成的,所以它们并不是现实之科学的反映。这就是说,神话或童话中矛盾构成的诸方面,并不是具体的同一性,只是幻想的同一性。科学地反映现实变化的同一性的,就是马克思主义的辩证法。"[1]

可见,毛泽东在这里意在说明,幻想的同一性离开现实的、具体的矛盾,离开具体的、现实的条件谈矛盾的存在和转化,因而只存在于人的观念世界,只在观念领域里表现出人对自然的征服力,而不是现实矛盾的客观反映。

在实际工作中,由于主观背离客观,也容易产生只凭主观臆测而违反客观规律的幻想的同一性。这种思想方法脱离实际,脱离矛盾存在和转化的一定条件,把想象的或幻想的同一性混同于甚至冒充为具体的同一性,只能导致对现实事物和具体矛盾的错觉与幻想,提出不切实际的解决矛盾的方法。

只有同时考察具体的历史条件,才能明白旧矛盾的解体和旧矛盾向新矛盾的转化,才能明白在不同的条件作用下,事物的矛盾会具有什么样的特点和形式,事物性质又会发生哪些变化,这些变化对于事物的发展趋势

---

[1]《毛泽东选集》第1卷,人民出版社1991年版,第331页。

和未来前途又会产生哪些影响。在这个问题上，毛泽东关于选择国家前途的论述特别值得重视："为什么俄国在一九一七年二月的资产阶级民主革命和同年十月的无产阶级社会主义革命直接地联系着，而法国资产阶级革命没有直接地联系于社会主义的革命，一八七一年的巴黎公社终于失败了呢？为什么蒙古和中亚细亚的游牧制度又直接地和社会主义联系了呢？为什么中国的革命可以避免资本主义的前途，可以和社会主义直接联系起来，不要再走西方国家的历史老路，不要经过一个资产阶级专政的时期呢？没有别的，都是由于当时的具体条件。一定的必要的条件具备了，事物发展的过程就发生一定的矛盾，而且这种或这些矛盾互相依存，又互相转化，否则，一切都不可能。"[①]

也就是说，一个国家究竟选择何种发展道路，都与当时具体的社会历史条件有关。这些社会历史条件也就是这个国家社会矛盾的具体同一性，它既规定着这个国家社会矛盾的存在以及这种矛盾的特殊性质，又规定着这一矛盾向什么方向转化，以及如何转化。因此，任何一个国家对自己发展前途的选择，都是在具体的历史背景下进行的。表面看来纯属偶然的事件，其实蕴涵着社

---

① 《毛泽东选集》第1卷，人民出版社1991年版，第331—332页。

会发展过程中的历史必然性和现实可能性。而且，在具体的条件下，它们又表现出不同的特点和形式。这个观点就是具体同一性的观点，它不但要求人们理解同一性的普遍性含义，更要求人们认识矛盾的具体同一性，矛盾存在和转化的特殊条件。依据这个观点来认识中国革命及其前途问题，毛泽东指出，由于中国有自己特殊的社会历史条件（包括国际的和国内的），有自己特殊的主观和客观因素，因而可以避免资本主义的前途而和社会主义直接联系起来。也就是说，在社会发展道路的选择上，中国可以不再走西方资本主义国家的历史老路，可以绕过资产阶级专政的历史阶段。这是毛泽东创造性地运用矛盾具体同一性的观点，在认识和解决中国革命的前途这一重大问题上所作出的重要贡献，深刻体现了唯物辩证法与历史唯物论的有机统一。

2. 矛盾的斗争性

矛盾的同一性是和矛盾的斗争性始终联结在一起的，共同构成了辩证矛盾的两种根本属性。在懂得了矛盾的同一性原理之后，必须进一步理解矛盾的斗争性原理，才能全面把握《矛盾论》的精神实质。

《实践论》《矛盾论》研读

（1）矛盾斗争性的基本含义

与同一性对应的是斗争性。在中国古代哲学史上，矛盾的斗争性一般用"反""交""争""仇""分"等概念来表述。马克思主义哲学对矛盾的斗争性的解释是：斗争性是矛盾双方互相分离、互相对立、互相排斥、互相否定的倾向。任何矛盾作为对立面的统一，矛盾的双方就不仅存在着同一性，而且必然存在着斗争性。试想，如果对立面之间没有相互排斥的属性，怎么能称之为"对立面"呢？对立面之间如果没有互相否定的趋势，就只能是僵死的统一，就不能构成活生生的矛盾，也就无所谓事物的运动、变化和发展。事实上，凡矛盾均自始至终地处于相互排斥的斗争过程之中。

应当注意的是，矛盾的斗争性是一个相当广泛的哲学范畴，必须以理性的态度和科学的方法去加以深刻把握。任何具体的矛盾，都是由相反的、对立的两个方面组成的。"'相反'就是说两个矛盾方面的互相排斥，或互相斗争。"[1] 这是一切矛盾的共性、绝对性。但是，互相排斥和互相斗争的形式和情形又是多种多样的，这是矛盾的特殊性、相对性。机械运动中的作用和反作用，物理运动中的吸引和排斥，化学运动中的化合和分解，

---

[1] 《毛泽东选集》第1卷，人民出版社1991年版，第333页。

生物体的同化和异化，社会领域内的阶级对立和阶级斗争，人民内部和风细雨的批评和自我批评，学术领域里不同观点的争鸣，等等，都是矛盾斗争性的具体表现。哲学上的斗争性这一概念的涵盖面极为广泛，理论抽象程度很高，我们不应当把哲学上矛盾双方的斗争或斗争性，仅仅狭隘地理解为政治上的敌我斗争。同样地，我们也不应当把某一种矛盾斗争的具体形式，无边界地泛化为矛盾斗争性的一切形式。

不但在不同的事物中矛盾的斗争性有不同的情况，就是同一个矛盾在不同的发展阶段上或不同的条件下，斗争的形式、特点、规模、复杂、尖锐的程度等也具有不尽相同的表现形式。一般来说，在矛盾发生的初始阶段，矛盾斗争性表现为对立双方的差异，它们的对立性质尚处于萌芽阶段，尚未充分、完全展开；随着矛盾的进一步发展，差异逐渐显露和展开，矛盾双方的对立性质日益明朗化、公开化，相互斗争也随之激烈起来；最后相互之间的斗争达到激化的程度，导致矛盾的转化和解决。这就是说，随着矛盾的发展，贯穿于其中的斗争性也会经历一个从不明显到较为明显，再到激化的过程。我们不能把斗争性等同于冲突和对抗，因为"差异就是矛盾"，事物的差异性也是一种斗争性。

概括地说，矛盾双方的互相排斥、互相对立、互相否定等就是斗争性。尽管不同矛盾有不同的斗争形式，同一矛盾在其发展过程中斗争性的表现也不尽相同，但这只是斗争性的方式、程度、作用、规模的差别问题，而不是斗争性的有无问题。当我们研究矛盾斗争性时，既要注意矛盾斗争性的普遍意义，又要注意矛盾的各种不同的斗争形式的区别，否则就有可能错误理解斗争性的哲学含义，导致对辩证矛盾的错误认识，从而在社会生活尤其是政治实践上产生"左"的过火的错误行为。

（2）矛盾的斗争性和矛盾的同一性的关系

在分别论述了矛盾的同一性和矛盾的斗争性之后，《矛盾论》就转入对同一性和斗争性相互关系的论述。两种矛盾的根本属性之间的相互结合与相互作用，推动了矛盾着的事物的向前发展，是事物矛盾运动的根本动力。因此，在理解它们的相互关系时，应当从动力的角度去把握。

对矛盾同一性和矛盾斗争性分别进行考察，是为了逻辑阐述和表达顺序的需要，但任何逻辑上的区分都不能等同于现实事物本身。作为矛盾的两种基本属性，在任何一个具体的矛盾体中都是紧紧联系在一起，不可分离的。

《矛盾论》明确地阐发了为什么同一性是相对的，斗争性是绝对的。

第三章 《矛盾论》解读

第一,"一切过程的常住性是相对的"[①],故同一性是相对的、暂时的;"但是一种过程转化为他种过程的这种变动性则是绝对的"[②],故斗争性是绝对的、无条件的。这就从矛盾根源上揭示了静止是相对的,运动是绝对的。

"无论什么事物的运动都采取两种状态,相对地静止的状态和显著地变动的状态。两种状态的运动都是由事物内部包含的两个矛盾着的因素互相斗争所引起的。当着事物的运动在第一种状态的时候,它只有数量的变化,没有性质的变化,所以显出好似静止的面貌。当着事物的运动在第二种状态的时候,它已由第一种状态中的数量的变化达到了某一个最高点,引起了统一物的分解,发生了性质的变化,所以显出显著地变化的面貌。我们在日常生活中所看见的统一、团结、联合、调和、均势、相持、僵局、静止、有常、平衡、凝聚、吸引等等,都是事物处在量变状态中所显现的面貌。而统一物的分解,团结、联合、调和、均势、相持、僵局、静止、有常、平衡、凝聚、吸引等等状态的破坏,变到相反的状态,便都是事物在质变状态中、在一种过程过渡

[①]《毛泽东选集》第1卷,人民出版社1991年版,第332页。
[②]《毛泽东选集》第1卷,人民出版社1991年版,第332页。

《实践论》《矛盾论》研读

到他种过程的变化中所显现的面貌。事物总是不断地由第一种状态转化为第二种状态,而矛盾的斗争则存在于两种状态中,并经过第二种状态而达到矛盾的解决。所以说,对立的统一是有条件的、暂时的、相对的,而对立的互相排除的斗争则是绝对的。"①

第二,对立面的同一是有条件的,所以是相对的;对立面的斗争则是无条件的,所以是绝对的。《矛盾论》反复阐明这样一个道理:两个互相排斥的、相反的东西之间有同一性,所以两者能够共居于一个统一体中,又能够相互转化。但是,这必须具备一定的条件,"即是说在一定条件之下,矛盾的东西能够统一起来,又能够互相转化;无此一定条件,就不能成为矛盾,不能共居,也不能转化"②。由于一定的条件才构成了矛盾的同一性,所以说同一性是有条件的和相对的。矛盾的斗争性则贯穿于过程的始终,并使这一过程向他过程转化。矛盾的斗争无所不在,所以矛盾的斗争性是无条件的和绝对的。

第三,"斗争性即寓于同一性之中,没有斗争性就没有同一性"③。

---

① 《毛泽东选集》第1卷,人民出版社1991年版,第332—333页。
② 《毛泽东选集》第1卷,人民出版社1991年版,第333页。
③ 《毛泽东选集》第1卷,人民出版社1991年版,第333页。

辩证法所说的同一性是矛盾的同一性，是包含差别和对立的具体的同一性，而不是绝对等同的形而上学的抽象的同一性。如果绝对等同就构不成矛盾，也就没有运动和变化可言。如果把相对的同一性绝对化、无条件化，最终只能陷入形而上学。

"我们中国人常说：'相反相成。'就是说相反的东西有同一性。这句话是辩证法的，是违反形而上学的。'相反'就是说两个矛盾方面的互相排斥，或互相斗争。'相成'就是说在一定条件之下两个矛盾方面互相联结起来，获得了同一性。而斗争性即寓于同一性之中，没有斗争性就没有同一性。"[1]

"相反相成"是中国古代思想史上的一个哲学命题。作为矛盾的两种基本属性，同一性和斗争性揭示了矛盾双方对立统一关系的深刻内涵。现在我们要进一步弄清楚的是，同一性和斗争性在矛盾中的地位如何？它们各自具有什么特点？考察这一问题，将有助于加深对矛盾问题的认识。

矛盾的同一性和矛盾的斗争性是相互联结、不可分割的，是"相反相成"的，也就是说，没有斗争性就没有同一性，同样，没有同一性也就没有斗争性。斗争性

---

[1]《毛泽东选集》第1卷，人民出版社1991年版，第333页。

和同一性作为矛盾的两种基本属性,无论失去哪一种,都会使矛盾不成其为矛盾。因此,同一是对立中的同一,而对立则是同一中的对立。

总之,矛盾的同一性的相对性是指它的暂时性、有条件性,矛盾的斗争性的绝对性则指它的永恒性、无条件性,即指它能冲破特定条件的限制,将自身贯彻到底的趋势。然而两者都不能孤立存在或单独发生作用,而必须联结起来才能推动事物矛盾的发展。

(3)矛盾的同一性和斗争性在推动事物发展中的作用

我们已经知道,矛盾是事物发展的动力和源泉。在弄清了矛盾的同一性和斗争性的含义、各自在矛盾体中的地位和特点,以及两者之间的辩证关系后,对矛盾推动事物发展的思想,应当有更深一层的理解。这就涉及同一性和斗争性对事物发展所起作用的问题。

那么,同一性和斗争性在事物发展中各起什么作用呢?

首先,矛盾同一性是事物存在和发展的前提。矛盾双方相互依存,互为其存在的条件,由此而连成一体。因此,任何矛盾双方力量的变化发展过程都是在矛盾统一体中形成的。它规定了矛盾统一体的发展不是脱离对立面的发展,也规定了矛盾双方的同一是发展中的同一。任何矛盾的一方都不能脱离它的对立面而孤立发展，总是以另一方的发展为前提的。就以旧中国的社会矛盾来说，反动势力和革命力量因矛盾同一性而联结起来，构成矛盾统一体。反动势力为巩固和发展自身，必然要限制革命力量的发展，而反动势力的发展同时又必然要促进革命力量的发展。可见，矛盾着的双方力量对比的此消彼长，是在双方互相依存、互为对方存在和发展前提的条件下实现的。

其次，矛盾的同一性作用不仅表现在矛盾双方的互相依存方面，也表现在矛盾双方互相吸取有利于自身发展的因素，表现在互相作用、互相促进中得到各自的发展上。社会主义制度与资本主义制度是根本对立的社会制度，但社会主义在批判、否定资本主义的同时，并不全盘否定资本主义社会的一切肯定成果和积极因素，相反，社会主义必须吸取资本主义国家先进的科学技术、吸收由高度发展的社会生产力所带来的物质文明，特别是吸取资本主义国家的先进的经营管理方法、法治意识和法治经验。只有在社会主义与资本主义的互相依存、互相吸取、互相开放中，才能促进社会主义的发展和完善，并为最终战胜资本主义创造条件。而社会主义之所以要吸取资本主义的积极因素，之所以能吸取这些合理因素，正是由于社会主义和资本主义之间存在着互相联系、互相贯通的同一性。这也是我们坚定不移地实行对外开放政策的哲学依据之一。

最后,矛盾的同一性作用还在于,矛盾双方的互相贯通、由此及彼,规定了事物发展的基本趋势,造就一事物转化为他事物、转化为向着自己对立面的变化和发展的基本条件。例如,旧中国帝国主义和封建势力的过于强大,中国民族资产阶级的过于软弱,规定了议会道路走不通,资产阶级民主共和国的道路也走不通,规定了无产阶级领导的人民大众反帝反封建的斗争只能是以武装革命摧毁反革命势力。因而,革命力量对反革命力量的胜利,决定了发展趋势只能是社会主义。换句话说,人民大众同帝国主义、封建势力斗争的前途,只能是社会主义。概言之,矛盾的同一性为矛盾的转化提供了内在的根据,使得事物能够向着自己的对立面转化。如果矛盾双方没有同一性,没有由此达彼的条件、桥梁或中介,矛盾双方是不能相互转化的,事物也就没有发展和飞跃可言。

矛盾的斗争性在事物发展过程中起什么积极作用呢?

矛盾双方的同一不是僵死的、固定不变的同一。就发展趋势而言,它最终必然被矛盾的斗争性所打破,使旧的矛盾体转化为新的矛盾体,因此,矛盾斗争性在事物发展中表现出来的作用，集中体现了辩证法的批判的革命的性质。一切事物矛盾的变化要靠矛盾双方的斗争来推动，一切矛盾的解决离不开矛盾双方的斗争。如果没有矛盾的斗争性，只能是形而上学的静止的僵死的统一。

矛盾斗争性在事物量变过程中的根本作用，表现在它引起并推动矛盾着的双方力量对比的变化，造成矛盾双方发展的不平衡，为对立面的转化和事物的质变创造条件。中国革命的历程，就是在矛盾斗争性的作用下，革命力量由弱到强，反革命力量由强到弱并最终被消灭的过程。如果没有矛盾斗争性所引起的对立双方力量对比的变化，事物的根本性质就不可能改变，旧事物也就不可能转变为新事物。

在事物的质变过程中，矛盾斗争性的作用更加明显和突出。当矛盾双方力量沿着各自的方向发展到极限时，矛盾的解决只有通过斗争性才会成为现实，只有矛盾斗争性才能突破事物原有的结构、界限和极限。在解放战争时期，中国人民解放军经过一年多的艰苦奋战，于1947年进入战略反攻阶段，又经过近两年的一系列大大小小的战斗和战役，至1949年前后，蒋介石国民党反动统治集团已处于朝不保夕的崩溃边缘。辽沈、平津、淮海三大战役的胜利，则最终结束了蒋家王朝在中国大陆的统治。可见矛盾斗争性在促成旧中国向新中国的转变过程中，具有决定性的意义和作用。

概括地说，矛盾的斗争性无论是在事物的量变阶段还是质变阶段，都起着贯穿始终的最重要的作用，在事物发展的整个过程中，矛盾同一性的具体形式，如矛盾双方力量的消长，结构的变化，直至相互转化，实际上都是斗争性促成的。要正确认识矛盾同一性和斗争性在事物发展过程中的作用，有几点是必须注意的：其一，为了认识同一性和斗争性在事物发展中的作用，我们才分别对它们进行考察，但事实上同一性和斗争性对于事物的推动作用，是在两者相互结合的过程中共同发生和进行的。其二，说矛盾同一性是相对的，矛盾斗争性是绝对的，是为了说明两者在推动事物发展过程中各自的特点，但绝不能因此而认为"相对"就是次要的、可有可无的，"绝对"就是主要的、唯一的。因为重视斗争性忽视同一性，或重视同一性忽视斗争性，都违反了唯物辩证法的宇宙观。其三，同一性和斗争性在事物发展过程中的作用，会因矛盾的特点、矛盾发展的阶段、矛盾所处的具体条件的不同而各有差异，同一性和斗争性的具体形式也会各具特殊性，这都需要做具体分析，切忌抽象地、千篇一律地一概而论。

毛泽东在《矛盾论》中关于矛盾诸方面的同一性和

斗争性及其相互关系的深入而又具体的研究和论述，并没有仅仅停留在一般的理论的层面上，而是始终从自然界特别是人类历史上的矛盾关系中，从资产阶级革命、社会主义革命特别是中国革命的历史进程中，考察和探讨矛盾的同一性和斗争性及其相互关系问题的。毛泽东关于矛盾的同一性和斗争性问题的研究的哲学形式是唯物辩证法，但关于中国革命一系列问题中的同一性和斗争性及其辩证关系，才是毛泽东考察、研究和讲演这一问题的深刻思想动机和实践动机。

七、对抗在矛盾中的地位

要研究和掌握矛盾斗争形式的特殊性,考察矛盾斗争性问题,不仅要了解它的理论含义,在逻辑上对它加以界定,还要考察它的不同表现形式,这对我们的社会实践,尤其是政治实践活动具有特别重要的意义。正因为如此,《矛盾论》总共由七个组成部分,毛泽东把矛盾斗争性的对抗性问题单独列出来进行专门论述。

"在矛盾的斗争性的问题中,包含着对抗是什么的问题。我们回答道:对抗是矛盾斗争的一种形式,而不是矛盾斗争的一切形式。"[1]

毛泽东在这里所说的矛盾的斗争形式问题,实际上就是解决矛盾的方法问题。在他看来,我们必须具体地研究各种矛盾斗争的情况和特点,而不能生搬硬套马克思列宁主义的阶级斗争和社会革命的学说。

什么是对抗呢?对抗是矛盾斗争的一种形式,即表现为激烈冲突的矛盾斗争形式。自然现象中的火山爆发,阶级社会中阶级对立发展到一定阶段,表现为直接

---

[1]《毛泽东选集》第1卷,人民出版社1991年版,第334页。

冲突，都是对抗的表现。

毛泽东在他整个的革命生涯中，一贯重视对抗在矛盾转化中的地位和作用。当他论述中国革命战争的战略问题时，从理论上论证了革命战争的重要性和必要性，指出革命战争的目的在于消灭战争。这同右倾机会主义者害怕革命战争，害怕建立工农武装的态度是截然不同的。毛泽东指出："认识这种情形，极为重要。它使我们懂得，在阶级社会中，革命和革命战争是不可避免的，舍此不能完成社会发展的飞跃，不能推翻反动的统治阶级，而使人民获得政权。共产党人必须揭露反动派所谓社会革命是不必要的和不可能的等等欺骗的宣传，坚持马克思列宁主义的社会革命论，使人民懂得，这不但是完全必要的，而且是完全可能的，整个人类的历史和苏联的胜利，都证明了这个科学的真理。"[1]

毛泽东同时也具体地历史地看待对抗性问题，认为在人类历史中，阶级的对抗只是矛盾斗争的一种特殊的表现，而不是它的全部表现形式。在这个问题上，毛泽东同样表现出了自觉的辩证矛盾意识和牢牢地把握具体情况具体地分析这一马克思主义活的灵魂和基本原则。

《矛盾论》一方面指出不应当将对抗这一公式"不

---

[1]《毛泽东选集》第1卷，人民出版社1991年版，第334页。

适当地套在一切事物的身上"[1],另一方面又指出:"矛盾和斗争是普遍的、绝对的,但是解决矛盾的方法,即斗争的形式,则因矛盾的性质不同而不相同。有些矛盾具有公开的对抗性,有些矛盾则不是这样。根据事物的具体发展,有些矛盾是由原来还非对抗性的,而发展成为对抗性的;也有些矛盾则由原来是对抗性的,而发展成为非对抗性的。"[2]

毛泽东在这里阐明了这样一个重要的思想:对抗性矛盾和非对抗性矛盾具有本质的区别,但在一定条件下能够相互转化。

所谓对抗性矛盾,指的是自然界和社会领域中具有对抗性质的矛盾。解决这类矛盾往往采取外部对抗的形式。所谓非对抗性矛盾,特指自然界和社会领域中不具有对抗性质的矛盾,解决这类矛盾不采取外部对抗的形式。由于在阶级社会中,对抗性矛盾是最基本的社会矛盾,贯穿于奴隶社会、封建社会和资本主义社会,因此较为人们所重视,《矛盾论》也特意把"对抗在矛盾中的地位"专门列出,并从理论与实践的结合上加以深刻论述。

---
[1]《毛泽东选集》第1卷,人民出版社1991年版,第335页。
[2]《毛泽东选集》第1卷,人民出版社1991年版,第335页。

"共产党内正确思想和错误思想的矛盾,如前所说,在阶级存在的时候,这是阶级矛盾对于党内的反映。这种矛盾,在开始的时候,或在个别的问题上,并不一定马上表现为对抗性的。但随着阶级斗争的发展,这种矛盾也就可能发展为对抗性的。……因此,党一方面必须对于错误思想进行严肃的斗争,另方面又必须充分地给犯错误的同志留有自己觉悟的机会。在这样的情况下,过火的斗争,显然是不适当的。但如果犯错误的人坚持错误,并扩大下去,这种矛盾也就存在着发展为对抗性的东西的可能性。"[1]

在论述对抗性矛盾和非对抗性矛盾互相转化的原理时,毛泽东以中国共产党党内斗争的历史经验加以说明:共产党内正确思想和错误思想的矛盾,在阶级存在的时候,是阶级矛盾在党内的反映。这种矛盾在开始的时候,或在个别的问题上不一定马上表现为对抗性的。但随着阶级斗争的发展,这种矛盾在一定条件下有可能发展为对抗性的。因此,党内斗争必须极其谨慎、慎重,不能不顾一切地采取对抗的方式。

---

[1]《毛泽东选集》第1卷,人民出版社1991年版,第335页。

八、《矛盾论》：作为实践哲学的方法论意义

毛泽东哲学既是理论形态的哲学，更是中国共产党人领导革命的实践形态的哲学，它在中国共产党人创造性地认识、理解现代中国革命的基本逻辑和发展规律，并由此深刻变革中国社会的历史性实践中发挥了极其巨大的世界观方法论的指导作用。《矛盾论》是马克思列宁主义的唯物辩证法与中国革命的历史辩证法相统一的经典范例。

理论与实践的具体的历史的统一是马克思列宁主义的基本原则，是毛泽东《实践论》的理论主题。作为《实践论》姊妹篇的《矛盾论》，同样把这一基本原则和理论主题贯穿始终。《矛盾论》是毛泽东以深入研究事物的矛盾法则为理论目的，以清除党内主观主义，特别是"左"倾教条主义为实践指向的经典之作。毛泽东以现代中国的复杂的社会矛盾体系为时代背景，以透视现代中国革命的哲学逻辑为基本任务，[①] 抓住马克思列宁主

---

① "莱文指出，在毛泽东写作《矛盾论》时，他已经达到了政治上的马克

义唯物辩证法问题中的若干关键环节，进行了极其精深而又具有独创性的研究，继承并且发挥了马克思、恩格斯特别是列宁关于辩证法问题的精神实质，发扬并且光大了中国古代辩证法思想的优秀传统，同时也创造性地消化、吸收了国内外同代人关于马克思列宁主义辩证法研究的成果，在关于理论与实践的具体的历史的统一、关于矛盾的普遍性与特殊性的辩证关系的创造性中，深刻反思了中国共产党党内作为主观主义的经验主义特别是教条主义的严重错误，总结了中国共产党人在领导中国革命的实践中形成的世界观方法论，系统阐明了马克思列宁主义辩证法的实质和核心，阐明了世界社会主义革命特别是中国革命的发展规律。

毛泽东是拥有马克思列宁主义和中国传统文化深厚素养的思想家理论家，同时，他更是一位以改造中国和世界为目标，有着远大社会理想和宏伟政治抱负的职业

（接上页）思主义'中国化'。也就是说，毛泽东迫切期望确立中国共产党在政治上的独立性，不再唯苏联共产党和共产国际之命是从。莱文认为《矛盾论》的创作就是要为这种政治上的'中国化'——而不是'俄国化'——提供哲学基础。"（尚庆飞：《国外毛泽东学研究》，江苏人民出版社2008年版，第133页。）莱文在这里阐明了毛泽东创作《矛盾论》的深层思想动机之一，就是为马克思列宁主义中国化提供哲学论证，而这又是中国共产党做到实事求是、独立自主地领导中国革命并取得胜利的基本保证。

革命家和政治家。阐发唯物辩证法的实质和核心自然是毛泽东在马克思主义哲学史上的重大贡献,但在我们看来,对事物矛盾对立统一法则的发挥和阐发,仅仅是毛泽东战略思考中的一个理论铺垫或理论前提。作为一个胸怀改造中国、改造世界的国际共产主义战士,作为一位献身于中国革命的中国共产党人的政治领袖和职业革命家,毛泽东进行哲学思考和哲学创造的深层思想动机,主要不在于进行职业哲学家之一般意义上的哲学研究,而在于他所从事的那场伟大的民族民主革命,在于把百年来任人宰割、肆意凭陵下的四分五裂的中国,改变为一个真正能够自立于世界民族之林的现代主权国家,在于通过创造性地运用马克思列宁主义的思想武器进行中国革命的具体实践,最终实现民族民主革命的胜利,赢得国家独立和人民解放。毛泽东关于矛盾法则的哲学是唯物辩证法的理论形态的哲学,同时更是关于中国革命运动的实践形态的哲学。

毛泽东的思想和理论的中心或红线,是提供现代中国革命的哲学逻辑,描绘现代中国革命的思想蓝图,塑造现代中国革命经验的理论形态。在创造和实践这一思想蓝图、哲学逻辑的艰难历程中,在把现代中国革命的实践经验提升、凝炼为理论形态的卓绝劳作中,毛泽东遇到了难以形容、无法想象的各种各样的巨大挑战。我们有理由认为，毛泽东所遇到的最大挑战，从某种意义上说，甚至不是外部的蒋介石国民党的政治高压和军事威胁，不是蒋介石国民党的庞大军队和飞机大炮，而是中国共产党党内一直存在并严重影响着中国共产党和中国革命前途的主观主义，而在作为主观主义表现形态的教条主义和经验主义中，教条主义尤其是中国共产党人前进发展的最大敌人，因为正是党内的"左"倾教条主义一再地给中国共产党领导的革命造成最大危害和严重挫折，甚至几乎一度断送了中国共产党和它领导的现代中国革命。这是中国共产党人的最深刻最惨痛的教训。

毛泽东清醒而自觉地意识到，自己在哲学上肩负着的一个必须完成的重大而艰巨的理论使命和历史使命，[①]就是为中国共产党人提供一个关于如何认识和解释现代中国革命的哲学范式和理论框架，绘就一幅如何把握各种主要矛盾、进行革命实践的思想蓝图，创制一种使中国革命从胜利走向胜利的哲学逻辑。或者用一句现在时髦的用语来说，就是提供一个能够深刻阐明现代中国革命并引领中国革命走向胜利的哲学模型和历史图式。一

---

① 《实践论》《矛盾论》对理解毛泽东思想的活的灵魂是一个关键环节。"与《实践论》一样，《矛盾论》也被国外学者认为是一篇精彩的哲学论文，可以被当作是走近毛泽东心灵深处的一把理论'钥匙'。"(尚庆飞：《国外毛泽东学研究》，江苏人民出版社2008年版，第271页。)

句话，就是形成和提出一条作为中国共产党人生命线的实事求是的思想路线，以及在思想路线的基地上形成富有革命威力的实践智慧，并由此形成一整套引领中国革命不断取得胜利的政策和策略、战略和战术，让普遍的理论形态的矛盾法则变成适合于中国特殊实践的革命策略。也正是从这个意义上说，毛泽东的《矛盾论》是马克思列宁主义的唯物辩证法的理论哲学，同时又是马克思列宁主义中国化的中国共产党人的社会历史观的行动—实践哲学。

毛泽东以无与伦比的创造性的哲学思考、思想创造和理论智慧，实现和完成了这一伟大的哲学任务和理论使命。他精心创作的《实践论》和《矛盾论》的基本意义，就在于两者作为现代中国革命的哲学逻辑，作为现代中国革命经验的理论形态，作为现代中国革命的哲学模型，以其特有的透视视角、解释框架和哲学范式，以经过他创造性使用的中国语言和表达方式，塑造和创制了作为中国共产党人生命线的实事求是思想路线的基本结构，奠定了实事求是思想路线的哲学基础。就《矛盾论》而言，毛泽东通过阐发普遍性与特殊性、共性与个性、绝对与相对的辩证的有机的统一这一"矛盾的问题的精髓"，特别是通过详细发挥矛盾特殊性及其各种表现形式的矛盾理论，以及与此相应的一系列方法论原

第三章 《矛盾论》解读

则,为中国共产党人提供了一个如何认识、理解和解释现代中国革命的科学的哲学模型,提供了一个批判、消解、打破主观主义特别是"左"倾教条主义的无坚不摧的辩证法的理论武器,一个有着鲜明中国特点的马克思列宁主义哲学中国化的基本原则。毛泽东的矛盾哲学、矛盾法则的哲学模型、理论武器和基本原则,为中国共产党人提供了认识和把握世界历史特别是世界社会主义革命史,认识和把握中国历史特别是现代中国革命史的活生生的革命的世界观方法论武器。[1]

毛泽东在《矛盾论》中对列宁哲学思想所作的创造性的说明和发挥,在于他进一步阐明和强调了对立统一规律在辩证法理论中的实质与核心地位,认为矛盾法则作为对立统一法则是唯物辩证法的最根本的法则;阐明了辩证法和形而上学作为两种对立的宇宙观,它们的根本分歧或对立就在于是否用矛盾的观点去认识和看待世

---

[1] 日本学者非常清楚地意识到毛泽东写作《矛盾论》的深层实践动机,并由此评价了毛泽东在哲学矛盾观上的重大贡献:"1952年,日本学者松村一人在《思想》杂志上连续发表文章,文章指出:……'毛泽东在理论上创造了克服一切公式主义并符合复杂的客观世界的矛盾辩证法,这种矛盾辩证法彻底地打破了对辩证法的教条主义的理解。''毛泽东的矛盾论思想具有两方面的划时代意义。第一,将矛盾规律作为辩证法诸法则的核心,由此而阐明了诸法则的内在联系;第二,第一次将矛盾的特殊性等重要问题从哲学上加以理论化。'"(尚庆飞:《国外毛泽东学研究》,江苏人民出版社2008年版,第271页。)

界；明确强调了对立统一规律作为认识规律的方法论意义，深刻地体现了客观辩证法与主观辩证法的有机统一。毛泽东高度自觉地建立起矛盾法则与方法论之间的桥梁和中介，谆谆教诲和提醒中国共产党人，唯物辩证法作为一种世界观，同时更是一种认识世界和改造世界的矛盾分析方法。我们有理由认为，不仅在中国，而且在整个世界马克思主义哲学发展史上，毛泽东都是把矛盾法则的重大方法论意义提高到空前未有之高度的为数不多的政治领袖和职业革命家之一。

毛泽东在《矛盾论》中对矛盾普遍性含义的界定和阐述可谓独具特色、清楚明白、易于运用。我们完全可以说，只要学过哲学的每一个中国人，都会直接或间接地了解或记得矛盾普遍性的两个方面的含义：时时有矛盾，处处有矛盾。矛盾分析方法之所以能够在中国共产党人中作为普遍的思想方法得到普遍运用，得益于毛泽东对矛盾普遍性原理的深入浅出的创造性的阐发和通俗易懂的表达。毛泽东哲学的时代性、实践性和人民性达到了出神入化、水乳交融的有机统一。

毛泽东关于矛盾问题的一个最独特的贡献，是他特别重视和详细发挥了矛盾特殊性理论。[1]之所以如此，

---

[1] 毛泽东关于矛盾问题的学说在国际上亦得到了高度评价。值得我们关

是因为毛泽东的哲学研究始终深深地植根于现代中国社会的矛盾体系,着眼于揭示现代中国革命的哲学逻辑,着力于把现代中国革命的实践经验提升为哲学的理论形态。毛泽东之所以严厉地把教条主义者批评为懒汉,之所以向全党特别是领导干部发出"洋八股必须废止,空洞抽象的调头必须少唱,教条主义必须休息"①的严厉的理论命令和实践命令,是因为教条主义者们仅仅满足于矛盾的普遍性,只知道背诵马克思列宁主义的原理和公式,而不愿意花大气力去深入地、创造性地研究矛盾的特殊性,不愿意深入考察中国社会的实际状况,不愿意具体研究中国革命的特殊性,不愿意总结中国革命的特

(接上页)注的是,国外研究者尤其强调毛泽东关于矛盾特殊性及其相关问题的研究:"大多数国外学者都十分关注《矛盾论》中关于矛盾的特殊性、关于主要矛盾和矛盾的主要方面、关于矛盾的斗争性与同一性的精彩论述,认为它们是《矛盾论》的主要特色,是毛泽东辩证法理论的重要组成部分。戴维·麦克莱伦指出,教条主义者由于不懂得矛盾的特殊性,不知道应当用不同的方法去解决不同的矛盾,只是千篇一律地使用一种自以为不可改变的公式到处硬套,这遭到了毛泽东最严厉的批判。与矛盾的普遍性相比毛泽东更强调矛盾的特殊性,在抗日战争时期,中共抗日统一战线政策的制定和实行,就是毛泽东抓矛盾特殊性,认真分析主要矛盾和矛盾主要方面的结果。在历史唯物主义的一般原理方面,由于强调矛盾的特殊性,主要矛盾和矛盾的主要方面,毛泽东有时更倾向于适当地强调政治、文化上层建筑的因素。"(尚庆飞:《国外毛泽东学研究》,江苏人民出版社2008年版,第272页。)

①《毛泽东选集》第2卷,人民出版社1991年版,第534页。

殊规律。

正是基于教条主义这样一种严重错误的思想倾向和现实状况，毛泽东在矛盾问题的研究中才用极大的精力、心血和篇幅，从马克思列宁主义理论与中国革命实践的创造性结合上，用浓重的笔墨、大量的篇幅考察了矛盾特殊性的五种情形，并由此突出而鲜明地强调了理解矛盾的普遍性与特殊性的相互关系，特别是研究矛盾特殊性的极其重要的方法论意义，即具体分析具体情况这一马克思列宁主义的基本原则和活的灵魂。这是毛泽东对现代中国革命的道路和前途问题的独具特点的哲学反思，是中国共产党人反对、批判和消除"左"倾教条主义的有力的哲学武器。毛泽东的哲学是创造性地阐述马克思列宁主义的理论哲学，更是把马克思列宁主义哲学创造性地运用于中国革命问题的实践哲学。

毛泽东关于矛盾法则、矛盾辩证法问题的阐述还有许多其他方面的创造性的贡献。他关于主要矛盾和非主要矛盾、矛盾的主要方面和非主要方面及其相互关系的精深研究和生动表述，为中国共产党人如何认识和处理中国社会、中国革命中的复杂的矛盾体系中主要矛盾和次要矛盾、矛盾的主要方面和次要方面的相互关系，特别是它们在一定条件下相互转化的辩证法，提供了至今依然是经典范例的方法论原则。[1]毛泽东对矛盾同一性和斗争性之为矛盾基本属性以及两者相互关系的一系列论述,对于对抗性矛盾与非对抗性矛盾相互关系及其方法论意义的科学考察,为中国共产党人在世界革命和中国革命的错综复杂的矛盾体系中拎出主要问题和关键环节,从理论上特别是实践上破解中国革命进程的一系列主要矛盾和重大问题,提供了强大的世界观方法论的思想武器。

由此我们也就可以理解和明白,为什么到了今天,是中国共产党而不是任何其他国家的马克思主义政党,能够响亮而有力地提出马克思主义中国化和时代化这一命题的理论逻辑和历史逻辑所在。

《矛盾论》作为现代中国革命的哲学逻辑,作为现代中国革命经验的理论形态,作为现代中国革命的哲学模型,它的巨大的历史作用,已经由于现代中国民族民

---

[1] 这里有必要谈到的是,阿尔都塞从其"多元决定"的历史观出发,认为马克思主义尽管必须强调经济的优先性,但"在人类历史的具体展开演进中,没有任何一个因素可以恒久占有绝对的支配性地位"。正是在这一意义上,他才认为是毛泽东"第一次准确地指出了次要矛盾与矛盾的次要方面绝不是可有可无,可以不予重视的;矛盾体系内的不平衡会不断被打破,不同方面在体系内的地位也不断会发生变化。这是毛泽东《矛盾论》的重要特点"。(尚庆飞:《国外毛泽东学研究》,江苏人民出版社2008年版,第137页。)

主革命的伟大胜利而得到了无可辩驳的证明。毛泽东的哲学不仅在中国哲学史上,而且在世界史上,特别是马克思主义哲学史上也是一种实践哲学的哲学形态,一种伟大的哲学奇迹。

我们在这里虽然不能详细展开,但必须谈到的一个重大问题是,《矛盾论》提供的哲学逻辑、哲学模型经由邓小平的卓越运用,发生了从革命到建设,从封闭半封闭到改革开放的重大转变。邓小平在"文化大革命"结束后中国何去何从的重大历史关头,以巨大的政治和理论勇气,以深谋远虑的历史眼光和战略胸襟,以解放思想的强大杠杆重新确立了实事求是的思想路线,并运用普遍性与特殊性、共性与个性的辩证统一这个伟大的矛盾法则和矛盾问题的精髓,提出了一个响彻于当代世界的伟大命题和著名论断:走自己的道路,建设有中国特色的社会主义。邓小平由此开辟了中国特色社会主义道路这一民族复兴的康庄大道,实现了社会主义由传统形态到现代形态的重大转折,开启了马克思主义中国化新的历史性飞跃的深刻变革历程。

习近平主政以来之所以塑造了一个新时代,就在于他创造性地运用毛泽东哲学的世界观方法论,创造性地运用毛泽东的矛盾法则提出了治国理政的四梁八柱的改革逻辑和发展战略,提出了什么是中国特色社会主义,怎样建设和发展中国特色社会主义这一根本性问题，始终强调中国共产党的领导和以人民中心的执政方略，并由此提出了"四个全面""五个统筹""四个自信""两个结合""六个坚持""两个维护"特别是"两个确立"等治国理政的一系列新思想新论断新战略，从而实现了一系列重大突破，取得了一系列重大成就，迎来了中华民族从站起来到富起来再到强起来的伟大飞跃。这是习近平创造性地运用毛泽东哲学世界观方法论的矛盾法则于治国理政所显示出来的巨大威力。

毛泽东的《矛盾论》作为马克思列宁主义的科学的唯物辩证法与中国共产党人的革命的社会历史观的统一，在中国共产党领导中国人民进行革命、建设和改革的百年历史中，在引领中国共产党人批判和清算作为主观主义表现形式的经验主义特别是教条主义的斗争中发挥了科学的世界观方法论的强大的理论功能，解答了中国共产党百年中国何以辉煌的深刻的哲学秘密。

在此，我们还要再一次引用毛泽东在《矛盾论》中关于"矛盾的问题的精髓"的经典性论断，作为我们本"研读"的第一个基本结论：

"矛盾的普遍性和矛盾的特殊性的关系，就是矛盾的共性和个性的关系"，"这一共性个性、绝对相对的道理，是关于事物矛盾的问题的精髓，不懂得它，就等于抛弃了辩证法"。[①]

同时我们也要再一次引述毛泽东在《矛盾论》中关于"事物的矛盾法则"的经典性的精彩论述,作为我们本"研读"的第二个基本结论:

"事物矛盾的法则,即对立统一的法则,是自然和社会的根本法则,因而也是思维的根本法则。……按照辩证唯物论的观点看来,矛盾存在于一切客观事物和主观思维的过程中,矛盾贯串于一切过程的始终,这是矛盾的普遍性和绝对性。矛盾着的事物及其每一个侧面各有其特点,这是矛盾的特殊性和相对性。矛盾着的事物依一定的条件有同一性,因此能够共居于一个统一体中,又能够互相转化到相反的方面去,这又是矛盾的特殊性和相对性。然而矛盾的斗争则是不断的,不管在它们共居的时候,或者在它们互相转化的时候,都有斗争的存在,尤其是在它们互相转化的时候,斗争的表现更为显著,这又是矛盾的普遍性和绝对性。当着我们研究矛盾的特殊性和相对性的时候,要注意矛盾和矛盾方面的主要的和非主要的区别;当着我们研究矛盾的普遍性和斗争性的时候,要注意矛盾的各种不同的斗争形式的区别。否则就要犯错误。如果我们经过研究真正懂得

[①]《毛泽东选集》第1卷,人民出版社1991年版,第319—320页。

了上述这些要点,我们就能够击破违反马克思列宁主义基本原则的不利于我们的革命事业的那些教条主义的思想;也能够使有经验的同志们整理自己的经验,使之带上原则性,而避免重复经验主义的错误。"[①]

[①]《毛泽东选集》第1卷,人民出版社1991年版,第336—337页。